Sue Kim

Taschen

Moderne Klassiker nähen

Clutches, Hobos, Büchertaschen & mehr

EMF

EIN BUCH DER
EDITION MICHAEL FISCHER

Bibliografische Information der Deutschen Bibliothek.
Die Deutsche Bibliothek verzeichnet diese Publikation in der deutschen Nationalbibliografie. Detaillierte bibliografische Daten sind im Internet über http://www.d-nb.de/ abrufbar.

EIN BUCH DER EDITION MICHAEL FISCHER

6. Auflage 2015

Erstveröffentlicht bei Stash Books,
ein Imprintverlag von C&T Publishing, USA

Titel der Originalausgabe:
Bags – The Modern Classics

Aus dem Englischen übertragen von Katharina Eichler

Gesamtherstellung: Nevena Cvetkovic

ISBN: 978-3-86355-110-0

www.emf-verlag.de

Wir achten darauf, unsere Bücher umweltfreundlich zu produzieren.

Inhalt

Einleitung

Handtaschen und Clutches dienen dem Zweck, unsere Sachen darin aufzubewahren; aber Taschen sind auch ein modisches Statement. Darum verbringen wir viel Zeit auf der Suche nach der perfekten Tasche – und darum sind wir auch bereit, etwas mehr zu bezahlen, wenn wir sie finden. Eine Tasche auszuwählen, die unsere Einzigartigkeit widerspiegelt, ist keine einfache Aufgabe, aber eine großartige Ausrede zum Shoppen ... oder zum Nähen eines einmaligen Schatzes. Dieses Buch wird Ihnen beibringen, wie Sie Ihre eigene Kollektion an handgemachten Taschen aufbauen. Den meisten Taschen liegen einfache Schnittmuster zugrunde, die leicht genug für Anfänger sind. Beachten Sie den Schwierigkeitsgrad des Projekts, bevor Sie anfangen. Die verschiedenen Schwierigkeitsgrade werden auf Seite 19 erklärt. Wenn Sie Anfänger sind, können Sie mit den einfacheren Schnittmustern beginnen.

Wenn Ihnen der Ablauf der Taschenherstellung etwas vertrauter geworden ist, arbeiten Sie mit den Taschen weiter, die mit schwierigeren Techniken hergestellt werden. Wenn Sie noch nie Taschen genäht haben, dann sehen die Projekte vielleicht aufwendig aus, wenn Sie aber der Anleitung Schritt für Schritt folgen, werden Sie feststellen, dass Sie nur wenige Techniken lernen müssen, um ein Unikat herzustellen. Indem Sie mit den leichteren Projekten anfangen, wird Ihr Selbstvertrauen im gleichen Maß wie Ihre Erfahrungen wachsen. Dann wird es Ihnen leichter fallen, sich die komplexen Projekte vorzustellen und zu verwirklichen. Erwarten Sie nicht, dass Sie von Anfang an in der Lage sind, außergewöhnliche Kreationen zu entwerfen; begreifen Sie es vielmehr als einen Lernprozess, in dessen Verlauf Sie Ihre Fähigkeiten mit jeder fertiggestellten Tasche verbessern.

Aufgeschlossen zu sein und sich als Ziel die Fertigstellung einer einfachen Tasche zu setzen ist der erste Schritt. Also haben Sie keine Angst – tauchen Sie einfach in die wundervolle Welt des Taschenmachens ein.

Als ich angefangen habe, meine ersten Taschen herzustellen, fiel es mir sehr schwer zu entscheiden, welche Stoffe ich nehmen sollte. Sollte ich diesen Stoff nehmen oder jenen? Eines Tages, nachdem eine Freundin mir eine Weile beim Kopfzerbrechen zugesehen hatte, merkte sie an, dass ich in der Zeit des Nachdenkens über den richtigen Stoff wahrscheinlich schon einige Taschen hätte fertigstellen können. Sie hatte Recht. In der Zeit, die ich sonst damit verschwendet hätte, über mögliche Fehlentscheidungen nachzudenken, stelle ich stattdessen heute einfach neue Taschen her.

Und wenn ich mit dem fertigen Produkt nicht zufrieden bin, wähle ich andere Stoffkombinationen und versuche es noch einmal. Das ist eine viel effektivere Art zu arbeiten und ich bin in der Lage, viel mehr Taschen zu nähen. Das funktioniert für mich und ich bin mir sicher, dass es auch für Sie funktioniert. Stoffe sehen im fertigen Produkt immer viel schöner aus, als wenn sie gefaltet auf dem Stofftisch liegen. Also haben Sie keine Angst davor Ihren Instinkten zu folgen – fangen Sie einfach an!

Fachbegriffe

Nahtzugabe

Der Bereich zwischen der Außenkante des Stoffes und der Nahtlinie. Falls nicht anders angegeben, beträgt die Nahtzugabe für die Projekte in diesem Buch 1,3 cm (½ Zoll).

Gerader Stich

Ein einfacher Stich und der am häufigsten verwendete Maschinenstich

Heften

Lange Stiche von Hand oder mit der Maschine, um zwei Stücke vorläufig zusammenzuhalten

Vernähen

Um den Beginn und das Ende einer Maschinennaht zu fixieren, werden diese üblicherweise vernäht.

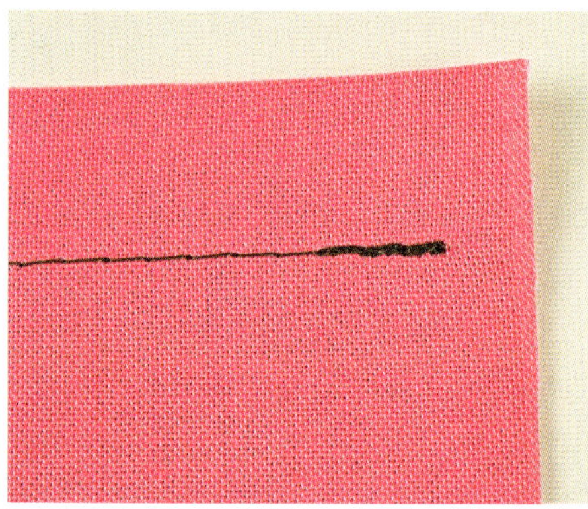

Nähen Sie mit der Maschine ein paar Stiche vorwärts, nähen Sie ein paar Stiche rückwärts, und dann wieder vorwärts, um die Naht abzuschließen. Nähen Sie am Ende der Naht ein paar Stiche rückwärts und dann vorwärts bis zum Ende der Naht.

Saumstich

Eine Stichart, mit der man Stofflagen nahezu unsichtbar aneinander befestigt, indem man die Stiche zwischen den Lagen versteckt. Ich arbeite bevorzugt mit einem doppelten Faden.

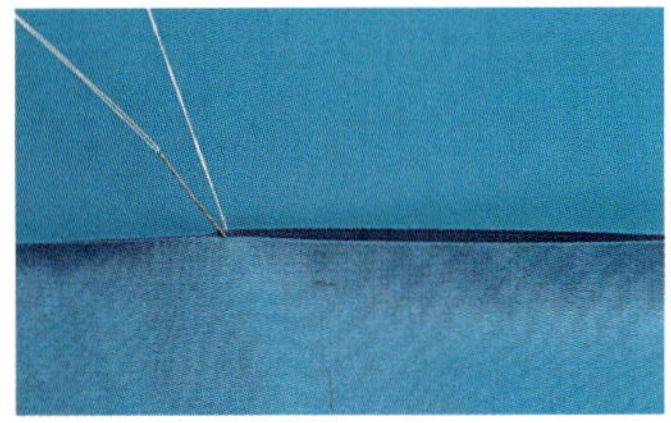

1. Fädeln Sie den Faden ein und verknoten Sie das Ende des Garns. Stechen Sie die Nadel in die Bruchkante des Stoffes und ziehen Sie den Faden straff an, um den Knoten zwischen den Lagen des Stoffes zu verbergen. (Wählen Sie eine Garnfarbe, die zu Ihrem Stoff passt – eine Nuance dunkler sind die Stiche unauffälliger.)

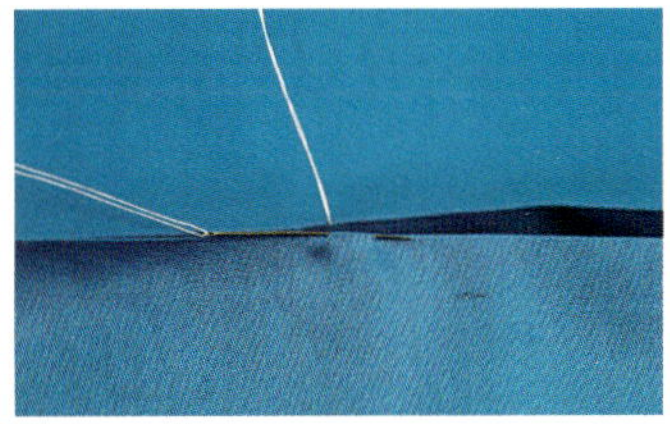

2. Stechen Sie die Nadel in die gegenüberliegende Kante des Stoffes und ziehen Sie den Faden straff. Wiederholen Sie die einzelnen Schritte so oft wie nötig. Verknoten oder vernähen Sie mit mehreren Stichen und schneiden Sie den Faden ab.

Absteppnaht

Eine Linie aus Maschinenstichen auf der rechten Stoffseite. Sie werden aus dekorativen Gründen verwendet und auch, um das Projekt zu glätten und zu verstärken. Ich verwende gerne ausgefallene Garne, da sie auf der Oberseite des Stoffes zu sehen sind.

Einschneiden

Schmale Einschnitte an innen liegenden Rundungen (konkaver Saum), damit diese flach aufliegen wenn sie auf die rechte Seite gedreht werden. Schneiden Sie immer innerhalb der Nahtzugabe und nie durch die Naht.

Einkerben

Herausschneiden kleiner Keile aus der Nahtzugabe an außen liegenden Rundungen (konvexer Saum), um überschüssigen Stoff zu entfernen, damit die Säume flach liegen, wenn sie auf die rechte Seite gedreht werden. Setzen Sie die Kerben immer innerhalb der Nahtzugabe und niemals durch die Naht.

Ecken abstumpfen

Überschüssigen Stoff innerhalb der Nahtzugabe wegschneiden, damit die Säume und Nähte flach aufliegen können.

Nützliche Informationen

Das richtige Handwerkszeug

Die wichtigsten Werkzeuge, die man zum Taschenherstellen benötigt, sind eine Nähmaschine und Nadeln, eine Stoffschere, eine Zackenschere, einen Nahttrenner, Markierstifte und Stecknadeln.

Sie brauchen keine extravagante, teure **Nähmaschine**, um die Taschen aus diesem Buch anzufertigen. Zwei Ausstattungsmerkmale sollten Sie beim Kauf einer Nähmaschine im Hinterkopf behalten: ein einfach zu wechselnder Nähfuß und eine angenehm zu regulierende Nähgeschwindigkeit.

Die Größe der **Maschinennadel**, die sie verwenden, hängt von der Wahl des Stoffes und des Garns ab. Zur Orientierung sehen Sie am Besten in der Bedienungsanleitung Ihrer Nähmaschine nach.

Was die **Schere** betrifft, empfehle ich eine Stoffschere von guter Qualität, wie sie in jeder Kurzwarenabteilung zu finden ist. Um Ihre Schere scharf und funktionstüchtig zu halten, achten Sie darauf, dass Sie die Schere wirklich nur für Stoff verwenden. **Zackenscheren** schneiden einen dekorativen Rand, der vor Ausfransen schützt. Ein **Rollschneider** und eine **Schneidematte** sind hilfreich aber nicht notwendig.

Wahrscheinlich werden Sie einen **Nahttrenner** benötigen, um Fixierungen zu lösen und Fehler auszubessern. Ich empfehle Ihnen, dass Sie ein **Patchworklineal** in den Maßen 15 cm x 30 cm verwenden, oder sogar in der Größe 15 cm x 60 cm. Wenn Sie beide Größen zur Verfügung haben, kann das eine große Hilfe beim Herstellen von Taschen sein, da sich diese Lineale beim Zuschneiden der Stoffstreifen für die Handgriffe nützlich erweisen.

Benutzen Sie **Kreide-**oder **Wachsmarkierstifte**, um wichtige Konstruktionslinien und Überlappungspunkte von den Schnittmustern auf den Stoff zu übertragen.

Jegliche **Stecknadeln**, die im Nähbedarfshandel erhältlich sind, erfüllen ihren Zweck.

Schnittmuster übertragen und verwenden

Die Schnittmuster in diesem Buch befinden sich auf dem Schnittmusterbogen und sind entweder als halbe Schnittteile angelegt, die an der Bruchkante des Stoffes angelegt und zugeschnitten werden, oder als Rundungsvorlage, die auf vorgeschnittene Stoffteile übertragen werden. Die Stoffteile werden dann entlang der übertragenen Linien zurechtgeschnitten. Am einfachsten erstellen Sie die Schnittmuster für die von Ihnen gewählte Tasche, indem Sie ein weißes Blatt Papier über den Schnittmusterbogen legen und es durchpausen. Wenn Sie den Schnittmusterbogen mit dem weißen Papier vor ein Fenster halten, werden die Linien leichter sichtbar. Ist das Schnittmuster größer als das Papier, kleben Sie einfach mehrere Blätter zu einem großen Bogen zusammen, der die erforderliche Größe zum Abpausen hat.

Mit halben Schnittteilen arbeiten

Es gibt zwei Möglichkeiten, um die Stoffteile anhand des Schnittmusters zuzuschneiden.

1. Möglichkeit: Falten Sie Ihren Stoff entlang des Fadenlaufs und platzieren Sie die Mittellinie des Schnittteils auf der Bruchkante. Es empfiehlt sich, die Stofflagen mit Stecknadeln zu fixieren, damit sie nicht auseinanderrutschen. Zeichnen Sie die Ränder mit einem Markierstift nach und schneiden Sie die Teile zusammen aus. Wenn Sie zwei Stoffteile aus demselben Schnittteil erstellen wollen, legen Sie entweder vor dem Falten zwei Stofflagen übereinander oder falten Sie jeweils eine Lage Stoff und stecken diese dann an den Bruchkanten zusammen. Zeichnen Sie wieder das Schnittteil nach und schneiden dann gleichzeitig die Stoffteile aus allen Lagen aus.

2. Möglichkeit: Platzieren Sie das Schnittteil auf einer einfachen Stofflage, indem Sie die Mittelkante am Fadenlauf ausrichten. Fahren Sie alle Kanten außer der Mittellinie nach. Wenden Sie das Schnittteil an der Mittellinie und fahren Sie wieder die Außenkanten nach. Wenn Sie zwei oder mehr Stoffteile aus demselben Schnittteil erstellen wollen, legen Sie die Stofflagen einfach an den rechten Seiten zusammen. Zeichnen Sie die Kanten des Schnittteils nach und schneiden Sie die Stoffteile aus den Lagen zusammen aus.

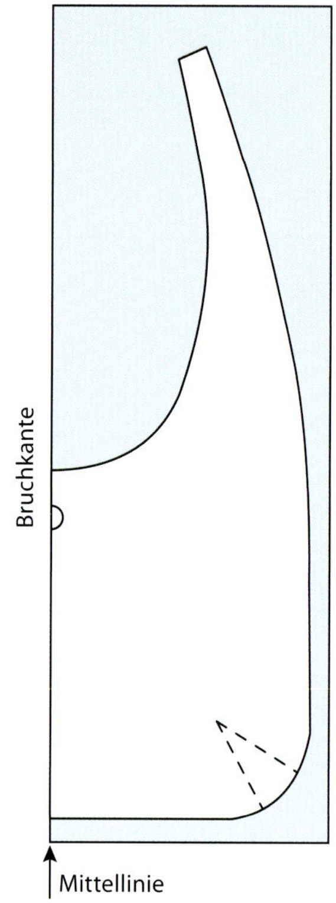

Schnittteil an der Bruchkante anlegen. Konturen nachfahren und Lagen ausschneiden.

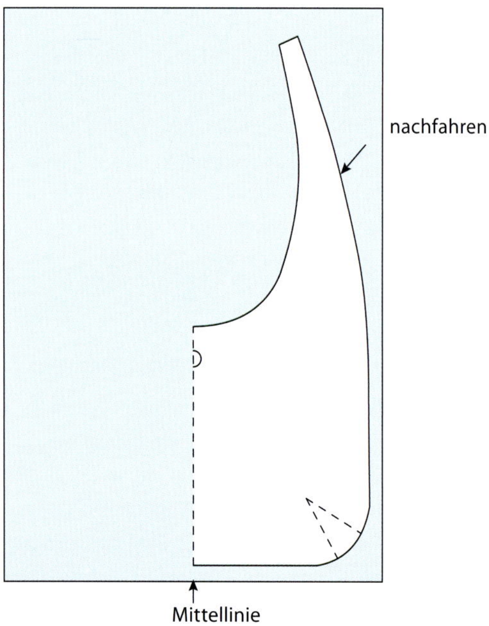

Schnittteil in der Mitte platzieren und die Außenkante nachfahren.

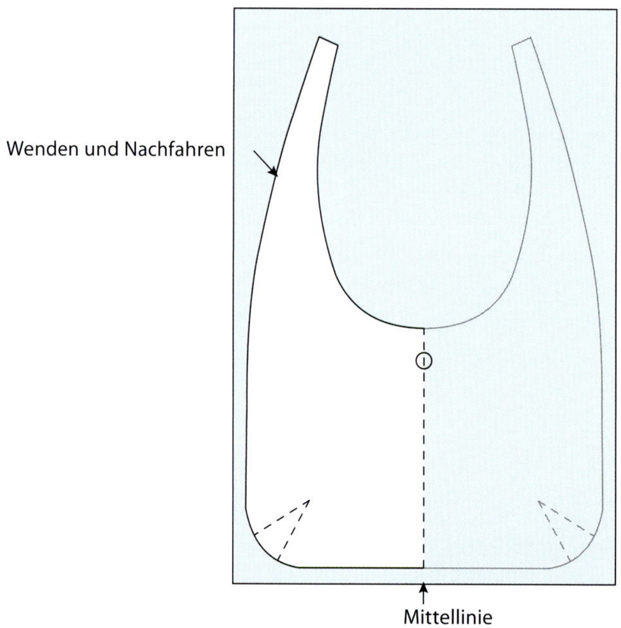

Schnittteil wenden und die andere Seite nachfahren.

Rundungsvorlagen verwenden

Viele der rechteckigen Stücke werden nach den Größenangaben in den Anleitungen zugeschnitten und dann mithilfe der Rundungsvorlagen abgerundet. Schneiden Sie, wenn nicht anders angegeben, die Rechtecke immer entlang des Fadenlaufs.

Pausen Sie die benötigte Rundungsvorlage (wie in der Anleitung angegeben) auf ein Blatt weißes Papier durch. Schneiden Sie an der Rundung entlang und kappen Sie die Oberseite und die Seitenkante rechtwinklig ab. Platzieren Sie die Vorlage mit der seitlichen und der unteren Kante auf dem dazugehörenden Stoffteil und zeichnen Sie die Rundung an. Beschneiden Sie den Stoff entlang der angezeichneten Linie. Stellen Sie sicher, dass Sie die Stoffteile gemäß der Nähanleitung eindeutig kennzeichnen. Wenden Sie die Rundungsvorlage und wiederholen Sie den Vorgang an der gegenüberliegenden Seite.

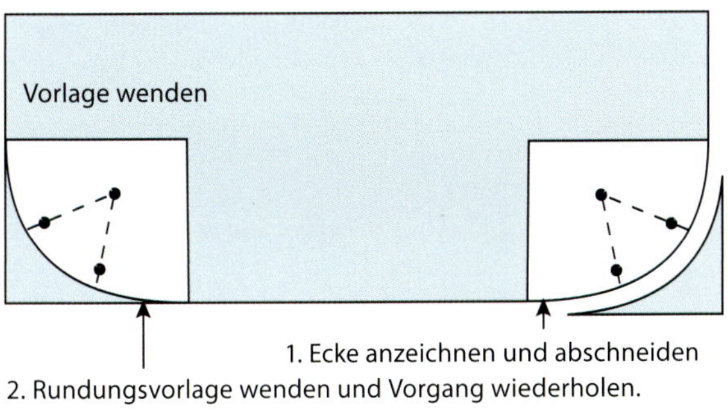

Rundungsvorlage verwenden, um rechteckige Stücke abzurunden.

Einlagen aufbügeln

Die Dicke des Stoffes und das Design der Tasche entscheiden über die Dicke oder Festigkeit der zu verwendenden Einlage. Zum Anfertigen einer Clutch aus Baumwollstoff würde ich ein mittelfestes oder starkes Vlies verwenden, um dem leichten Stoff mehr Festigkeit zu verleihen. Bei der Verwendung von Dekostoffen würde ich eine leichtere Einlage wählen, damit das Ergebnis nicht zu steif wird. Bei Taschen, bei denen die Form für das Design entscheidend ist (so wie bei der „Rucksacktasche", S. 128), verwendet man am besten schwere Einlagen; für Taschen, deren Design eine leichtere und natürlichere Ausprägung hat, verwendet man eher leichtere als schwerere Einlagen.

Je dicker und schwerer die Einlage, umso herausfordernder wird es, das Projekt zu nähen. Es ist daher für Anfänger empfehlenswert, mit einer leichten Einlage anzufangen und dann je nach Übungsgrad zu schwereren Einlagen überzugehen.

Testen Sie Einlagen immer zuerst an einem Stoffrest, um sicherzugehen, dass Sie optimale Ergebnisse erhalten. Testen Sie auch, wie stark die Einlage beim Waschen eingeht und ob das Fixiermittel durchscheint. Wenn Sie mit der Wahl der Einlage zufrieden sind, legen Sie den Stoff mit der linken Seite nach oben auf das Bügelbrett. Richten Sie die Einlage mit der beschichteten Seite nach unten mittig darauf aus. Folgen Sie genau den Anweisungen des Herstellers, da die einzelnen Bügeleinlagen unterschiedlich verwendet werden.

Vorsicht

Wenn die Einlage mit der beschichteten Seite nach oben gebügelt wird, klebt das Vlies an Ihrem Bügeleisen anstatt auf dem Stoff.

Klettband anbringen

Meistens verwendet man für die Verschlüsse von Handtaschen oder Clutches Magnete. Aber für einige Taschen, z. B. Federmäppchen oder Schultaschen, ist ein Klettverschluss praktischer. Klettband wird auch bei Gelegenheiten benutzt, wenn kein Magnet angebracht werden kann, wie etwa bei Geldbörsen, oder man kann es verwenden, um Futtertaschen und anderes Einzelteile anzubringen.

1. Schneiden Sie ein Stück Klettband in der benötigten Größe zu.
2. Trennen Sie die beiden Komponenten und legen Sie das Hakenband auf den Stoff. Nähen sie es rundherum fest und vernähen Sie Anfang und Ende der Naht.
3. Setzen Sie das Flauschband auf das Gegenstück des Stoffes und nähen Sie es wieder rundherum fest, mit Rückstichen am Anfang und Ende der Naht.

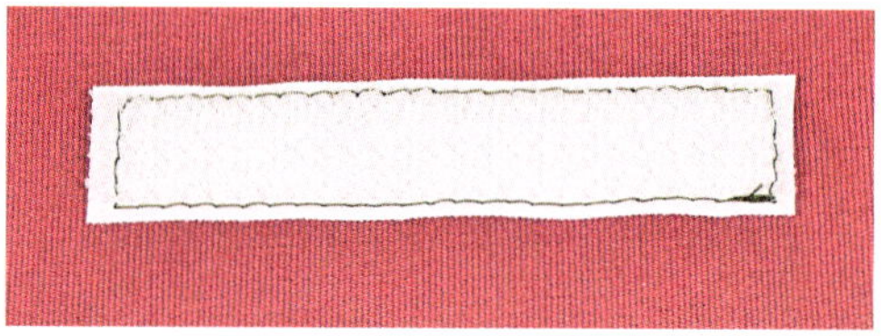

Klettband rundherum annähen.

Reißverschlüsse kürzen

Für alle Taschen in diesem Buch, die einen Reißverschluss benötigen, ist ein Standardreißverschluss völlig ausreichend.

Wenn Sie einen Reißverschluss verwenden möchten, der zu lang ist, können Sie ihn mit folgender Methode auf das gewünscht Maß kürzen: Messen Sie den Reißverschluss ab, um das untere Ende festzulegen. Nähen Sie mit der Nähmaschine im Zickzack über die Zähnchen, oder setzen Sie von Hand einige Stiche, um das Ende des Reißverschlusses zu fixieren. Schneiden Sie etwa einen Fingerbreit unterhalb der Naht den überschüssigen Reißverschluss ab.

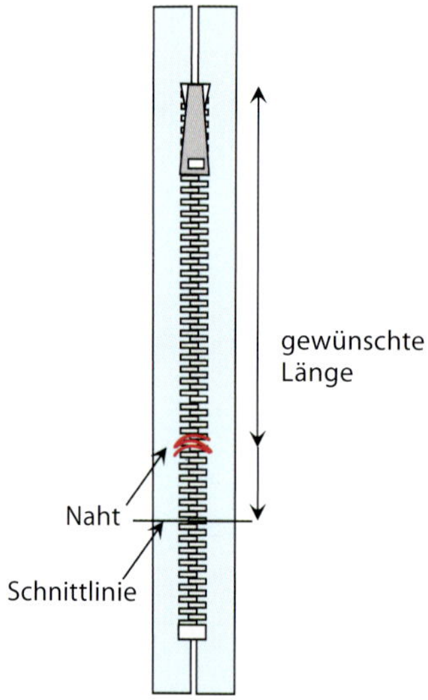

Kürzen des Reißverschlusses.

Magnetverschlüsse anbringen

Halten Sie sich beim Anbringen des Magnetverschlusses am Besten an die Anweisungen des Herstellers, üblicherweise erfolgt die Anbringung aber wie folgt:

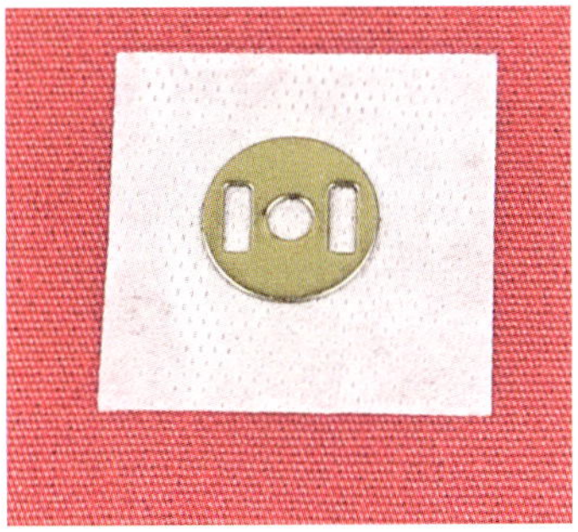

Unterlegscheibe auf der Verschlussstelle auflegen.

Schneiden Sie ein Stück Bügelvlies auf etwa 4x4cm zu. Platzieren Sie es auf der linken Stoffseite und bügeln Sie es an der auf dem Schnittmuster angegebenen Position für den Magneten fest. Legen Sie die Unterlegscheibe des Magnetverschlusses an der markierten Stelle auf das Vlies.

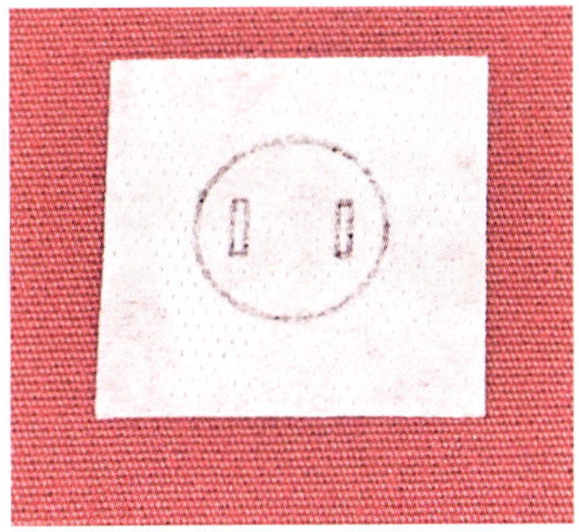

Unterlegscheibe nachfahren.

Zeichnen Sie die Konturen und Aussparungen der Unterlegscheibe nach.

Löcher für die Zungen ausschneiden.

Schneiden Sie vorsichtig die Löcher für die Magnetzungen in den Stoff.

Magnetverschluss einstecken.

Stecken Sie die Zungen des männlichen Magneten von der rechten Seite des Stoffes durch die Löcher.

Zungen nach außen umbiegen.

Legen Sie die magnetische Unterlegscheibe auf der linken Seite des Stoffes über die Zungen und biegen Sie diese nach außen.

Fertiggestellte Hälfte des Magnetverschlusses.

Wieder holen Sie die Schritte 1–5, um den weiblichen Magnetverschluss am dazugehörenden Stoffteil zu befestigen.

Klettband auf der Futterseite des Stoffes rundherum festnähen.

Tasche nähen und zum Umstülpen Öffnung freilassen.

Auf dem Oberstoff Oberkante absteppen.

Innentaschen einnähen

Es gibt verschiedene Wege, um Innentaschen anzufertigen. Meine Lieblingsmethode, mit der man eine robuste Innentasche erhält, finden Sie hier. Sie benötigen dazu zwei Lagen Stoff und Klettband (Sie können natürlich auf den Verschluss verzichten, wenn Sie keinen möchten).

1. Schneiden Sie die Taschenteile entsprechend der Nähanleitung zu, oder verwenden Sie Stoffteile von etwa 18 cm Breite und 15-18 cm Höhe.

2. Messen Sie etwa 10-12 cm Klettband für den Verschluss ab, sofern Sie einen verwenden möchten. Nähen Sie eine Seite des Klettbandes etwa 2,5 cm unterhalb der Oberkante auf der rechten Seite des Stoffes rundherum an und vernähen Sie Anfang und Ende der Naht. Das wird die Futterseite des Stoffes.

3. Stecken Sie die beiden Stoffteile mit der rechten Stoffseite zusammen und nähen Sie mit einer Nahtzugabe von 1,5 cm einmal rundherum, wobei an der Oberseite (an der Kante mit dem Klettband) etwa 10 cm offen bleiben, um die Tasche umzustülpen. Stumpfen Sie die Ecken ab.

4. Stülpen Sie die Innentasche um und verwenden Sie einen spitzen Gegenstand, um die Ecken vorsichtig auszustülpen. Falten Sie die offenen Kanten an der Öffnung nach innen und bügeln Sie sie glatt. Stecken Sie die Kanten fest und setzten Sie eine Absteppnaht etwa 5 mm unterhalb der Kante, die Sie an beiden Enden vernähen. Durch das Absteppen werden die eingeschlagenen Kanten fixiert.

5. Platzieren Sie die Innentasche auf dem Handtaschenfutter wie in der Nähanleitung beschrieben, wobei die zweite Seite des Klettbandes auf der Futteroberseite liegt. Schlagen Sie die Innentasche zurück, um das Klettband zu sehen, und markieren sie die gewünschte Position des Klettverschlusses auf dem Futterstoff. Achten Sie darauf, gerade und mittig anzuzeichnen.

6. Nähen Sie das Klettband rundherum auf dem Futterstoff fest und vernähen Sie Anfang und Ende der Naht.

7. Setzen Sie die Innentasche wieder auf den Futterstoff auf und schließen Sie dabei den Klettverschluss. Befestigen Sie die Tasche mit einer Absteppnaht am Futterstoff – auf der einen Seite nach unten, an der Unterkante entlang, an der anderen Seite wieder nach oben – und vernähen Sie die Nahtenden.

Klettband auf der rechten Futterseite annähen.

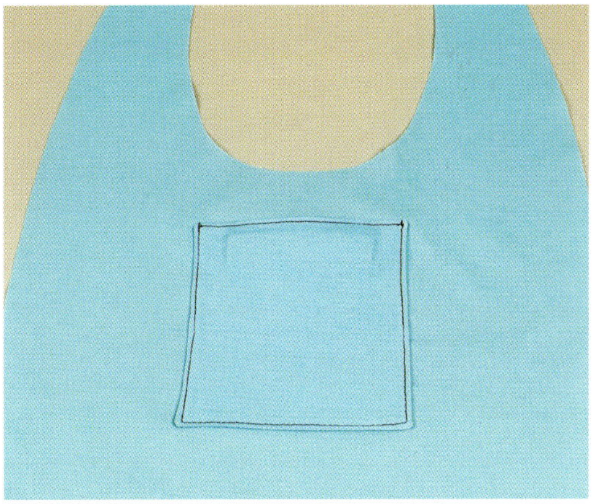

Innentasche am Futter festnähen.

Abnäher und Falten nähen

Abnäher

1. Übertragen Sie die A- und B-Punkte vom Schnittmuster auf den Stoff. Falten Sie den Stoff, sodass die A-Punkte auf der rechten Stoffseite jeweils übereinander liegen, und fixieren sie die Punkte mit Stecknadeln. Stecken Sie die Abnäherlinie sorgfältig ab, sodass die Vorder- und Rückseite des Stoffes exakt aufeinanderliegen. Stecken Sie eine weitere Stecknadel in Punkt B.

2. Nähen Sie den Abnäher von A beginnend in Richtung B und vernähen Sie die Enden. Bügeln Sie die Abnäher in die in der Nähanleitung angegebene Richtung.

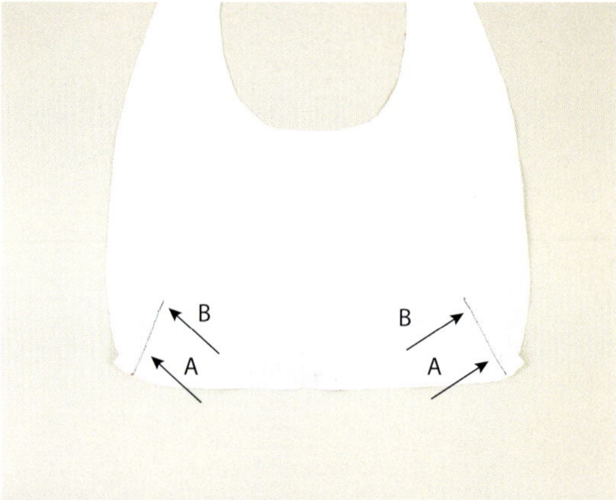

Abnäher feststecken, nähen und bügeln.

Falten

1. Legen Sie den Stoff gemäß Anleitung an der Bruchkante in Falten.

2. Fixieren Sie die Falten mit Stecknadeln. Sie werden beim Zusammennähen der zueinander gehörenden Stoffteile festgenäht. Sie können sie aber natürlich zur Sicherheit mit der Nähmaschine heften.

Falten feststecken oder heften.

Schrägband selbst herstellen

Diese Anleitung ist für doppelt gefaltetes Schrägband von 1,5 cm Breite.

1. Schneiden Sie etwa 5 cm breite Streifen mit schrägem Fadenlauf zu. Kappen Sie, wenn nötig, die Enden im 45° Winkel, bevor Sie mit Schritt 2 weitermachen.

2. Legen Sie die rechten Stoffseiten an den angeschrägten Kanten zusammen und steppen Sie entlang der Kante mit einem Abstand von 5 mm. Fügen Sie so lange neue Streifen hinzu, bis das Schrägband die gewünschte Länge erreicht hat. Bügeln Sie die Nahtzugabe auf und schneiden Sie die überstehenden Ecken ab.

3. Falten Sie das Schrägband in der Mitte zusammen, sodass die linken Seiten aufeinander liegen, und bügeln Sie eine Bruchkante. Öffnen Sie das Band wieder und legen Sie es mit der linken Stoffseite nach oben hin. Klappen Sie die Kanten etwa 1 cm ein und bügeln Sie sie fest.

4. Falten Sie das Schrägband an der Bruchkante wieder zusammen und bügeln Sie das Band glatt.

5 cm breite Streifen zuschneiden.

Streifen an der schrägen Kante steppen.

Streifen in der Mitte falten und bügeln.

Streifen öffnen, Außenkanten einschlagen und bügeln.

Erneut falten.

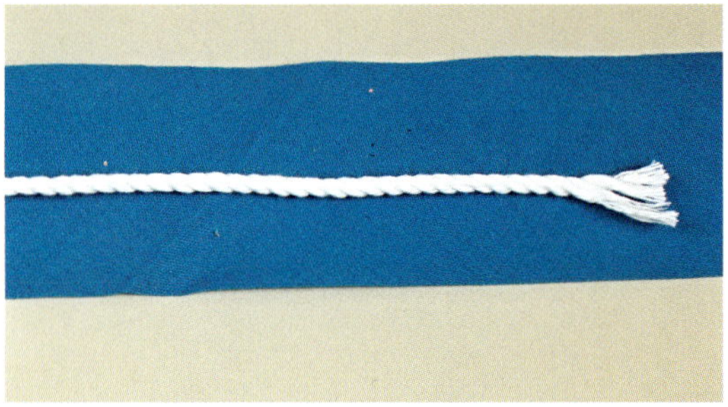

Kordel in die Mitte des Schrägbandes legen.

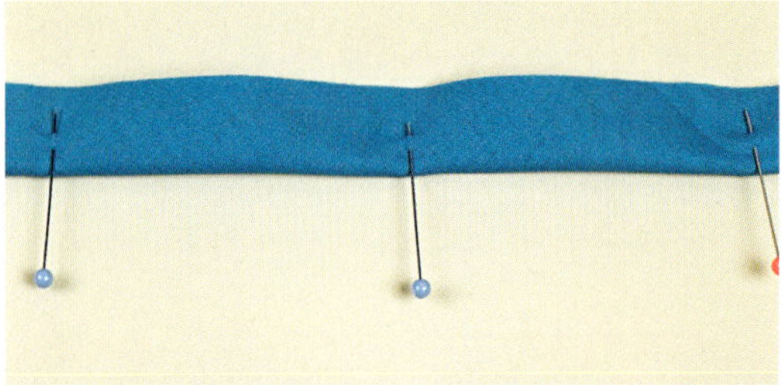

Falten und feststecken.

Nah an der Kordel steppen.

Paspel anbringen und feststecken.

Paspelieren

Paspeln sind dekorative Einfassungen oder Verzierungen, die man kaufen oder aus Schrägband und Kordel ganz einfach selbst herstellen kann. Um die Breite des Schrägbandes zu ermitteln, messen Sie den Umfang der Kordel und geben Sie 2,5 cm Nahtzugabe hinzu.

1. Schneiden Sie Schrägband in ausreichender Länge zu (siehe Schrägband selbst herstellen, Schritte 1 und 2, S. 16-17). Legen Sie das Schrägband mit der linken Seite nach oben und platzieren Sie die Kordel in der Mitte.

2. Legen Sie die Außenkanten aufeinander und fixieren Sie das Band mit Stecknadeln.

3. Steppen Sie nah an der Kordel entlang. Am besten geht das mit einem Reißverschluss- oder einem speziellen Paspelfuß.

4. Platzieren Sie die Paspel auf der rechten Stoffseite, wobei die Naht mit einer Nahtzugabe von 1,5 cm direkt über der Nahtlinie zum liegen kommt. Um die Paspel an einer Rundung anzubringen, schneiden oder kerben Sie den Saum nur dort ein, wo es notwendig ist, damit sich die Paspel ohne Probleme der Rundung anpasst. Stecken Sie die Paspel fest oder heften Sie sie an.

Label anbringen

Ein Label an einer fertiggestellten Tasche gibt dem Stück ein professionelles Aussehen. Labels aus Baumwolle oder Leinen kann man im Laden kaufen. Es kann auch sehr viel Spaß, sein eigenes Label zu erstellen.

Ein Label kann in das Futter der Tasche eingenäht werden, oder es wird nach Fertigstellung der Tasche auf der Rückseite aufgenäht. Kleben und falten Sie die Kanten des Labels und bügeln Sie es fest, damit es nicht ausfranst.

Das Label kann ebenso während des Arbeitsprozesses in den Außensaum der Tasche eingenäht werden. Falten Sie die linke Seite des Labels zusammen und stecken Sie es an der gewünschten Stelle des Saums fest, bevor sie diesen steppen.

Lose Kanten des Labels kleben und Label aufbügeln.

Gefaltetes Label am Saum mit annähen.

Schwierigkeitsgrade

Die einzelnen Projekte sind mit ●, ●● und ●●● in verschiedene Schwierigkeitsstufen unterteilt.

● Das sind die am einfachsten umzusetzenden Projekte. Sie haben die wenigsten Teile, die zusammengenäht werden müssen, und erfordern nur gerade Stiche oder vorgezeichnete runde Nähte. Sie haben üblicherweise nur wenige Besonderheiten wie einfache Abnäher oder eine Innentasche und werden meistens mit Magneten oder Klettband verschlossen.

●● Diese Projekte haben etwas mehr Stoffteile, die Sie zusammennähen müssen, erfordern aber lediglich gerade oder einfache runde Nähte. Sie haben Applikationen wie Falten oder Abnäher und eventuell einen Reißverschluss, eine Innentasche, oder der Griff muss separat genäht und angebracht werden.

●●● Diese Projekte bestehen aus den meisten Einzelteilen. Manche Nähte werden zuerst gerade genäht und gehen dann in Rundungen über, oder man muss vorsichtig in Ecken nähen. Die Projekte haben auch am meisten Ausstattungen: eine Kombination aus Falten oder Abnähern, Reißverschlüssen, Einfassungen und separat herzustellende Griffe.

Den richtigen Stoff auswählen

Viele Nähanfänger sind von den Auswahlmöglichkeiten bei Stoffen schier überwältigt. Ungezwungen an die Stoffauswahl heranzugehen wird das Nähen auf Jahre hinaus zu einer wahren Freude machen. Atmen wir also tief durch und stellen uns vor, wir seien in einem Stoffgeschäft.

Im Stoffgeschäft

Unabhängig davon, wie viel Stoff der Laden zur Auswahl hat, organisiert nahezu jeder Stoffhändler seine Ware nach dem gleichen Schema. Wenn Sie dieses System einmal durchschaut haben, wird Sie selbst das größte Stoffangebot nicht mehr einschüchtern.

Normalerweise werden Stoffe nach Gewebeart unterschieden und dann nach Farben sortiert. Baumwollstoffe bilden üblicherweise die größte Abteilung.

Für die in diesem Buch vorgestellten Modelle benötigen Sie entweder Dekostoffe oder Baumwollstoffe.

Die Taschenform und -größe festlegen

Wenn Sie sich für einen Stoff entscheiden, sollten Sie immer das Schnittmuster der gewählten Tasche im Hinterkopf behalten. Ein Stoff kann wunderschön sein und trotzdem nicht zum gewählten Schnitt passen. Für den Anfang kann es einfacher sein, sich an den im Buch gezeigte Stoffmustern zu orientieren; später können Sie dann aufgrund Ihrer Erfahrungen andere Stoffe auswählen.

Die Wahl des Musters hängt außerdem von der Taschengröße ab. Das Grundprinzip – für Anfänger sowieso – besagt, je kleiner die Tasche, umso kleiner sollte das Muster sein.

Die Wahl der richtigen Farbe

Wenn Sie eine Quilt nähen möchten, müssen Sie viele verschieden Farben auswählen. Für eine Tasche dagegen reicht eine Farbpalette von maximal zwei oder drei verschiedenen Farben aus. Wählen Sie zuerst die Farbe, die Sie als Hauptfarbe verwenden möchten. Wenn Sie sich nicht für eine zweite Farbe entscheiden können, scheuen Sie sich nicht, das Fachpersonal um Rat zu fragen. Wählen Sie die Hauptfarbe unbedingt selbst aus, sonst laufen Sie Gefahr, dass Sie am Schluss das Gefühl haben, die Tasche von jemand anderem angefertigt zu haben. Ein wesentlicher Teil der Zufriedenheit, die Sie bei der Arbeit an Ihrem Projekt verspüren werden, resultiert aus der Gewissheit, dass Sie allein den Stoff ausgewählt haben.

Zwei Tipps für die Wahl des Stoffes

Wenn Sie die Grundfarbe und den Hauptstoff festgelegt haben, wählen Sie als zweite Farbe einen Stoff mit einem ähnlichen Muster. Es ist sinnvoll, den Kontraststoff aus der gleichen Stoffserie auszuwählen. Der Designer hat wahrscheinlich bereits beim Entwurf der Muster darauf geachtet, dass die Farben zusammenpassen.

Online bestellen

Sollten Sie einmal Stoffe online bestellen, rechnen Sie beim Eintreffen mit unerwarteten Ergebnissen. Warum? Die Farben, die auf Ihrem Monitor angezeigt werden, entsprechen selten der Realität, da die Anzahl der darstellbaren Farben begrenzt ist und die Qualität der Bilder variiert. Darüber hinaus kann es passieren, dass Sie beim Auspacken des Stoffes feststellen, dass er sich ganz anders anfühlt, als Sie es sich vorgestellt haben.

Es ist es nahezu unmöglich, eine Onlinebestellung zu vermeiden, wenn Sie in den örtlichen Stoffgeschäften den gewünschten Stoff nicht bekommen können, aber es gibt einen Weg, um Ihre Erfolgsquote zu steigern. Angenommen, Sie möchten einen Stoff von Designer A erstehen. Wenn Ihr Stoffhändler vor Ort dieses Muster nicht führt, hat er aber wahrscheinlich trotzdem einen oder zwei Stoffe aus dieser Reihe auf Lager. Nachdem Sie sich diese Muster angesehen und befühlt haben, sind Sie in der Lage, sich den bestellten Stoff besser vorzustellen.

Eine andere Methode, die Fehlerquote zu senken, ist Stoffmusterbücher (eine Zusammenstellung kleiner Stoffstücke) zu bestellen, die den von Ihnen gewünschten Stoff enthalten. Ich liebe es, Stoffmusterbücher zu bestellen, da Sie meistens alle Muster einer Designlinie als kleine Probestücke enthalten. Wenn Sie ein Musterbuch erhalten, können Sie sich die verschiedenen Farben einer Linie genau ansehen und als Bonus aus den einzelnen Stücken einen Patchworkstoff herstellen, aus dem Sie Ihre Tasche anfertigen.

Streben Sie Zufriedenheit an, nicht Perfektion

Wappnen Sie sich dagegen, bei der Stoffauswahl zum Perfektionisten zu werden, denn ansonsten wird Ihr Stoffeinkauf nie ein Ende finden. Um ein Perfektionist beim Stoffkauf zu werden, müssten Sie jeden infrage kommenden Stoff begutachten – was aufgrund der unerschöpflichen Stoffmenge unmöglich ist. Wenn Sie sich einreden, dass Sie einen Stoff erst kaufen können, wenn Sie alle Stoffmuster gesehen haben, ist das gleichbedeutend mit der Erkenntnis, dass Sie sich für keinen Stoff entscheiden können.

Wenn Sie zu etwa 70–80 % mit dem Stoff zufrieden sind, dann kaufen Sie ihn.

Versuchen Sie, nicht zu viel darüber nachzudenken, probieren geht über studieren! In der Zeit, die Sie über Ihre Entscheidung nachdenken, könnten Sie bereits eine weitere Tasche anfertigen.

Kleine Taschen

Sonnenbrillenetui

Wie können Sie Ihre Sonnenbrille schützen? Investieren Sie eine Stunde und stellen Sie ein Sonnenbrillenetui her! Paspelieren Sie die Lasche für einen ausgefallenen Touch. Sie können entweder Dekostoff oder Baumwollstoff verwenden.

Verwenden Sie die Schnittmuster „Sonnenbrillenetui Vorder-/Rückseitenrundung" und „Sonnenbrillenetui Laschenrundung" von Seite S–2 des Schnittmusterbogens.

GRÖSSE: 19 cm x 9,5 cm

SCHWIERIGKEITSGRAD: ●

WAS SIE BENÖTIGEN:

Der Stoffverbrauch bezieht sich auf eine Stoffbreite von 110 cm.

- 23 cm Oberstoff
- 23 cm Futterstoff
- 18 cm x 90 cm Bügelvlies
- 14 mm Magnetverschluss
- 33 cm Paspel (optional): entweder kaufen oder selbst herstellen (siehe „Paspelieren", S. 18)

ZUSCHNEIDEN

Befolgen Sie die Anweisungen „Schnittmuster übertragen und verwenden" (Seite 9). Übertragen Sie alle Markierungen und Verweise auf den Stoff.

Oberstoff

Schneiden Sie 2 Vorder- und Rückseitenteile zu.

Für die Lasche schneiden Sie ein Stoffteil mit den Maßen 19 cm x 10,5 cm zu. Orientieren Sie sich an Schema: Lasche, um die Einzelteile zu markieren und die unteren Ecken mithilfe der Rundungsvorlage anzuzeichnen und zuzuschneiden.

Futter

Schneiden Sie für das Futter wieder ein Stoffteil mit den Maßen 19 cm x 10,5 cm zu. Verwenden Sie erneut die Rundungsvorlage, um die Ecken abzurunden.

Einlage

Die Einlage wird ebenfalls aus einem 19 cm x 10,5 cm großen Stoffteil zugeschnitten, bei dem die Ecken mithilfe der Rundungsvorlage angepasst werden.

Schema: Lasche

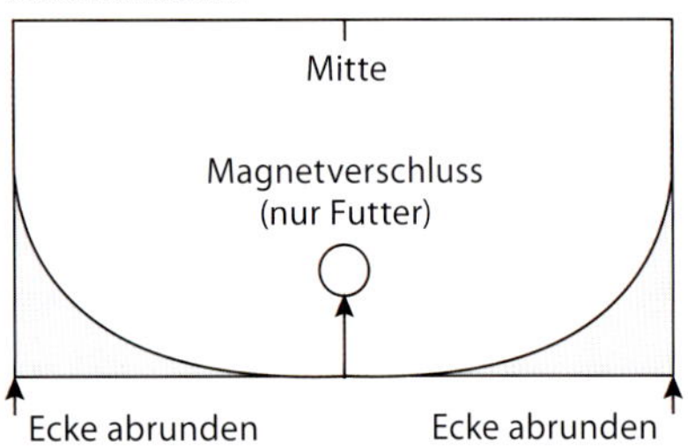

Oberstoff und Futter nähen

1. Bügeln Sie die Einlage auf der falschen Stoffseite des Oberstoffs auf.

2. Bringen Sie den Magnetverschluss an der Vorderseite des Oberstoffs und an der Lasche des Futterstoffs an (siehe „Magnetverschlüsse anbringen", S. 13)

3. Nähen Sie die Abnäher auf der Vorder- und Rückseite des Oberstoffs sowie auf der Vorder- und Rückseite des Futters (siehe „Abnäher und Falten nähen", S. 16).

4. Bügeln Sie die Abnäher auf den Vorderseiten in Richtung Mitte. Die Abnäher auf den Rückseiten bügeln Sie nach außen.

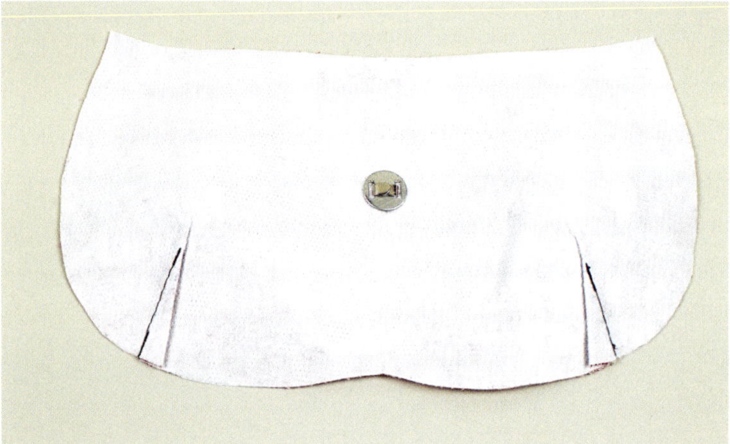

Vordere Abnäher nähen und Richtung Mitte bügeln.

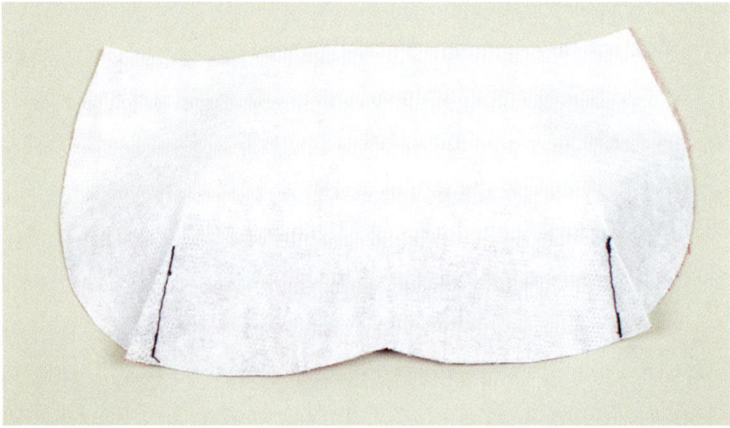

Hintere Abnäher nähen und nah außen bügeln.

5. Stecken Sie die Vorder- und Rückseite des Oberstoffs an den rechten Seiten mit Stecknadeln zusammen. Die Abnäher auf der Vorder- und Rückseite sind in unterschiedliche Richtungen gebügelt, sodass sie flach aufliegen.
6. Steppen Sie entlang der Seite und der Unterkante, vernähen Sie die Naht. Kerben Sie den Saum ein.
7. Wiederholen Sie die Schritte 5 und 6 für das Futter.
8. Bügeln Sie die Nahtzugabe des Oberstoffs und des Futters auf. Stülpen Sie die rechten Seiten des Oberstoffs nach außen. Stecken Sie die Oberseite in das Futter, sodass die rechten Seiten aufeinander liegen.
9. Fixieren Sie den Oberstoff und das Futter mit Stecknadeln entlang der oberen Öffnung.

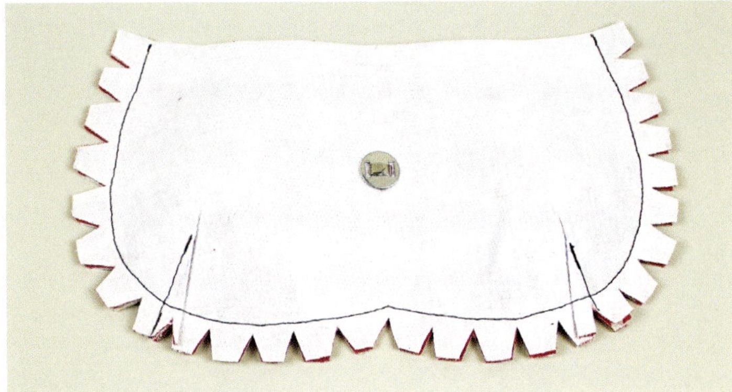

Seiten und Unterkante steppen.

Oberstoff ins Futter einlegen.

An der oberen Öffnung feststecken.

10. Steppen Sie entlang der Öffnung, wobei etwa 8 cm unvernäht bleiben, um die Tasche umzustülpen. Stumpfen Sie die Ecken am oberen Ende der Naht und stülpen Sie die Tasche um. Stecken Sie das Futter in den Oberstoff. Bügeln Sie die Öffnung inklusive der Nahtzugabe der verbliebenen Öffnung und stecken Sie sie fest.

11. Steppen Sie etwa 3 mm unterhalb der Öffnung ab. Die eingeschlagene Nahtzugabe wird mit der Absteppnaht fixiert.

Umstülpen, bügeln und Taschenöffnung feststecken.

Lasche nähen

1. Wenn Sie die optionale Paspel anbringen möchten, heften Sie diese an die Oberstofflasche entlang der Rundung (siehe „Paspelierung", S. 18). Stecken Sie die Oberstofflasche und Futterlasche mit den rechten Seiten aneinander. Steppen Sie die Lasche rundherum und lassen Sie an der Oberseite etwa 8 cm frei, um die Lasche umzustülpen. Stumpfen Sie die Ecken ab und kerben Sie den Saum an den Rundungen ein. Kürzen Sie die Nahtzugabe auf 5 mm.

2. Stülpen Sie den Oberstoff nach außen. Bügeln Sie die Lasche und steppen Sie nur die Seitenkanten ab. Schlagen Sie die Nahtzugabe an der unvernähten Öffnung ein, bügeln sie und schließen Sie die Öffnung mit einem Saumstich.

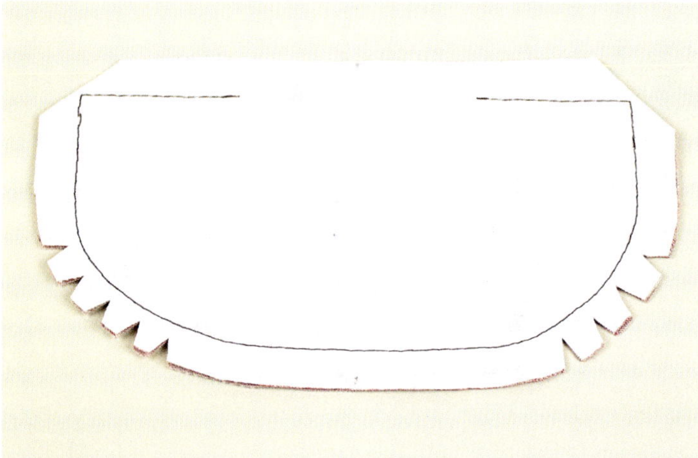

Laschenkanten steppen, an der Oberkante 8 cm freilassen.

Die abgerundeten Kanten absteppen.

Die Tasche fertigstellen

1. Platzieren Sie die Lasche mittig auf der Rückseite des Oberstoffs, sodass die gerade Kante der Lasche auf der geraden Kante des Oberstoffs liegt, und stecken Sie die Lasche fest. Überprüfen Sie die Position des Magnetverschlusses und korrigieren Sie gegebenenfalls die Lasche.
2. Befestigen Sie die Lasche mit einer Absteppnaht, die 3 mm unterhalb der Kante verläuft, und vernähen Sie die Enden.
3. Nähen Sie den Knopf an der gewünschten Stelle an der Lasche fest.

Fertig! Genießen sie die Sonne!

Lasche an der Rückseite feststecken.

Federmäppchen

Dieses einfache Federmäppchen ist ein großartiges Projekt, um übriggebliebenen Stoff von anderen Projekten zu verarbeiten. Verwenden Sie Klettband, wenn Sie es als Federmäppchen verwenden möchten, oder einen Magnetverschluss, sollten Sie eine andere Verwendung dafür haben. Sie können entweder Dekostoff oder Baumwollstoff benutzen. Ein großartiges Geschenk für den Schulanfang!

Verwenden Sie die Schnittmuster „Federmäppchen" Vorder-/Rückseite und „Federmäppchen Laschenrundung" von Seite S–4 des Schnittmusterbogens.

GRÖSSE : 19 cm x 7,5 cm

SCHWIERIGKEITSGRAD:

WAS SIE BENÖTIGEN:

Der Stoffverbrauch bezieht sich auf eine Stoffbreite von 110 cm.

1-Stoff-Variante

23 cm Oberstoff

2-Stoff-Variante

21,5 cm Oberstoff für Vorder- und Rückseite

20,5 cm x 8,5 cm Oberstoff für die Lasche

beide Varianten

Zusätzlich zu den oben genannten Materialien benötigen Sie folgendes:

23 cm Futterstoff

18 cm x 90 cm schwere Bügeleinlage

10,5 cm von 1,5 cm breitem Klettband

ZUSCHNEIDEN

Befolgen Sie die Anweisungen „Schnittmuster übertragen und verwenden" (Seite 9). Übertragen Sie alle Markierungen und Verweise auf den Stoff

Oberstoff

Schneiden Sie 2 Rechtecke in 21,5 cm x 10,5 cm für die Vorder- und Rückseite zu. Orientieren Sie sich am Schema: Vorder-/Rückseite, um die Schnittteile zu markieren und die Ecken mithilfe der Rundungsvorlage abzurunden.

Für die Lasche schneiden Sie ein 20,5 cm x 8,5 cm großes Stück Oberstoff zu. Das Schema 2: Lasche zeigt Ihnen, wo Sie Markierungen anbringen und an welcher Stelle Sie die Rundungsvorlage anlegen müssen, um die Ecken zuzuschneiden.

Futter

Für das Futter benötigen sie ebenfalls 2 Schnittteile in 21,5 cm x 10,5 cm für die Vorder- und Rückseite sowie ein Schnittteil in den Maßen 20,5 cm x 8,5 cm für die Lasche. Übertragen Sie die Markierungen anhand von Schema 1 und 2. Runden Sie die Ecken mithilfe der Rundungsvorlagen ab.

Einlage

Messen Sie für die Einlage wieder 2 Schnittteile in 21,5 cm x 10,5 cm für die Vorder- und Rückseite ab und runden Sie die Ecken mithilfe der Rundungsvorlage. Schneiden Sie für die Lasche ein 20,5 cm x 8,5 cm großes Stück zu. Übertragen Sie die Markierungen aus den Schemata auf die Teile.

Tipps

- *Verwenden Sie kein Klettband aus der Schreibwarenabteilung. Es ist meistens zu dick und kann die Nadel Ihrer Nähmaschine verbiegen. Verwenden Sie spezielles Klettband zum Aufnähen; es ist weicher und leichter anzunähen.*
- *Achten Sie bei der Aufbewahrung des Klettbandes darauf, es nicht zu verknittern. Falten ist in Ordnung, aber Kreschen können beim Annähen des Bandes an Ihr Projekt eine Herausforderung sein. Wenn es dennoch Kreschen bekommen hat, glätten Sie es unter einem schweren Gegenstand.*

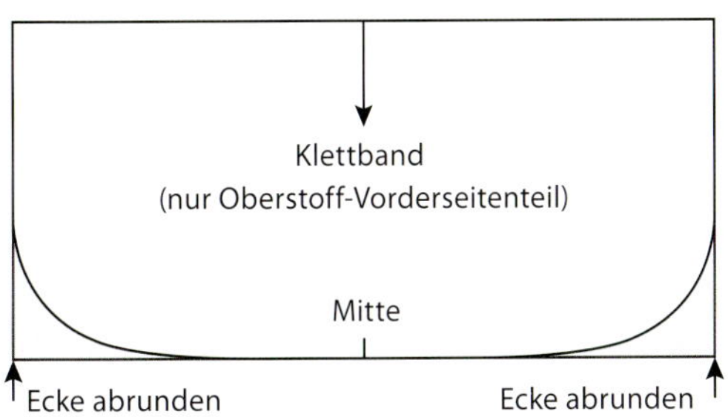

Schema 1: Vorder-/Rückseitenteil

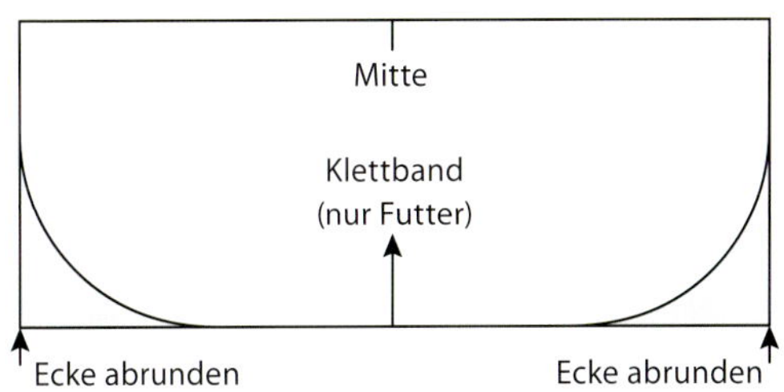

Schema 2: Lasche

Klettband annähen.

Vorder- und Rückseite des Oberstoffs aneinandersteppen.

Vorder- und Rückseite des Futterstoffs aneinandersteppen und ca. 8 cm unvernäht lassen.

Saum an den Rundungen einkerben.

Oberstoff und Futter nähen

1. Bügeln Sie die Einlage auf die falsche Seite des Oberstoffs.

2. Trennen Sie das Klettband und stecken Sie das Flauschband an der Markierung auf der Vorderseite fest (siehe „Klettband an der Markierung anbringen", S. 12). Nähen Sie das Hakenband aus der Futterstofflasche fest.

3. Stecken Sie die Vorder- und Rückseite des Futterstoffs an den rechten Seiten zusammen. Steppen Sie die Seiten- und die Unterkante und vernähen Sie die Naht. Wiederholen Sie den Vorgang mit den Futtervorder- und Rückseiten und lassen Sie etwa 8 cm an der unteren Kante zum Umstülpen unvernäht.

4. Kerben Sie den Saum an den Rundungen ein.

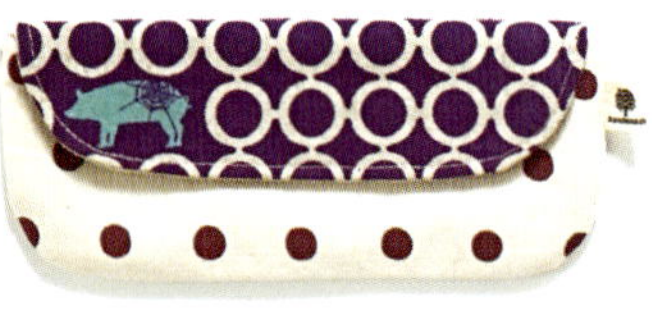

Lasche nähen

1. Stecken Sie die Laschen aus Oberstoff und aus Futterstoff an den rechten Seiten zusammen. Steppen Sie nur die Seiten und die Unterkante ab, die Oberkante bleibt unvernäht. Kerben Sie den Saum an der Rundung ein und kürzen Sie die Nahtzugabe auf 5 mm.
2. Stülpen Sie die Lasche um. Bügeln Sie sie flach und steppen Sie 5 mm unterhalb der Kante.

Oberstoff und Futter zusammenfügen

1. Bügeln Sie die Nahtzugabe von Ober- und Futterstoff auf. Stülpen Sie den Oberstoff mit der rechten Seite nach außen um.
2. Richten Sie die Lasche mittig auf der Oberkante der Rückseite aus. Fixieren Sie die Teile und heften Sie sie fest.
3. Legen Sie die Außentasche in das Futter ein, sodass die rechten Seiten aufeinander liegen und die Lasche zwischen Oberstoff und Futter eingelegt ist.
4. Stecken Sie Oberstoff und Futter unterhalb der Öffnung aneinander.
5. Steppen Sie entlang der Öffnung. Stumpfen Sie die Ecken oberhalb der Ecken ab und stülpen Sie die rechten Seiten nach außen. Schließen Sie die Öffnung im Futter mit einem Saumstich. Verstauen Sie das Futter im Oberstoff. Bügeln Sie die obere Öffnung des Federmäppchens.
6. Steppen Sie um die Öffnung herum mit einer Nahtzugabe von 5 mm ab.

Lasche bügeln und absteppen.

Lasche am Rückseitenteil des Oberstoffs anstecken und heften.

Oberstoff in das Futter einlegen.

An der Öffnung feststecken.

Umstülpen und bügeln.

Patchwork-Portemonnaie

Der Oberstoff dieser Geldbörse kann entweder aus einem einzelnen Stoff bestehen (1-Stoff-Variante) oder aus verschiedenen aneinander genähten Stücken (Patchwork-Variante). Wenn Sie erst einmal gelernt haben, Einfassband zu benutzen, werden Sie den Effekt lieben – und es ist einfacher als es aussieht! Falls es notwendig sein sollte, können Sie die Einlage sowohl auf den Oberstoff als auch auf das Futter aufbügeln, damit die Geldbörse griffiger und stabiler wird. Sowohl Dekostoffe als auch Baumwollstoffe sind für dieses Projekt geeignet.

Verwenden Sie die Schnittmuster „Patchwork-Portemonnaie Oberstoff-/Futter-/Innentaschenrundung" und „Patchwork-Portemonnaie Kartenfach" von Seite S–1 des Schnittmusterbogens.

GRÖSSE: 10,5 cm x 20,5 cm (geschlossen)

SCHWIERIGKEITSGRAD:

WAS SIE BENÖTIGEN:

Der Stoffverbrauch bezieht sich auf eine Stoffbreite von 110 cm.

23 cm Oberstoff für die 1-Stoff-Variante

ODER

4-5 verschieden Stoffe, jeder ungefähr 15,5 cm x 23 cm groß, für die Patchwork-Variante

23 cm Futterstoff

23 cm für Innentasche und Kartenfach

24,5 cm für Schrägband (um selbst Schrägband herzustellen, siehe S. 16)

ODER

91,5 cm von 1,5 cm breitem, vorgefalztem Schrägband (gekauft)

18 cm x 90 cm schwere Bügeleinlage

7,5 cm Gummiband, 3 mm breit

2,5 cm breiter Knopf

ZUSCHNEIDEN

Befolgen Sie die Anweisungen „Schnittmuster Übertragen und Verwenden" (Seite 9). Übertragen Sie alle Markierungen und Verweise auf den Stoff.

Oberstoff

1-Stoff-Variante

Schneiden Sie ein Quadrat mit den Maßen 20,5 cm x 20,5 cm aus Oberstoff zu. Orientieren Sie sich an Schema 2: Oberstoff/Futter (S. 34), um die Schnittteile zu markieren und die Ecken mithilfe der Rundungsvorlage abzurunden.

Patchwork-Variante

Eine Nahtzugabe von 1,3 cm ist enthalten.

Schnittteil A: 13,5 cm x 20,5 cm

Schnittteil B: 2,5 cm x 20,5 cm

Schnittteil C: 7 cm x 11 cm

Schnittteil D: 7 cm x 11 cm

Stellen Sie den Patchworkoberstoff gemäß der Anleitung aus den Schnittteilen A, B, C und D her, die Nahtzugabe beträgt 1,3 cm. Bügeln Sie die Nähte und steppen Sie den Patchworkstoff wie dargestellt ab. Sollten der Patchworkstoff zu groß sein, kürzen Sie ihn auf 20,5 cm x 20,5 cm. Dann halten Sie sich an das Schema 2, um die Stoffteile zu markieren und die Ecken mithilfe der Rundungsvorlage abzurunden.

Patchwork-Oberstoff zurechtschneiden. Anmerkung: Die Geldbörse auf diesem Foto besteht aus 5 anstatt 4 Stoffen. Sie können sich das Patchwork ganz nach Belieben zusammenstellen.

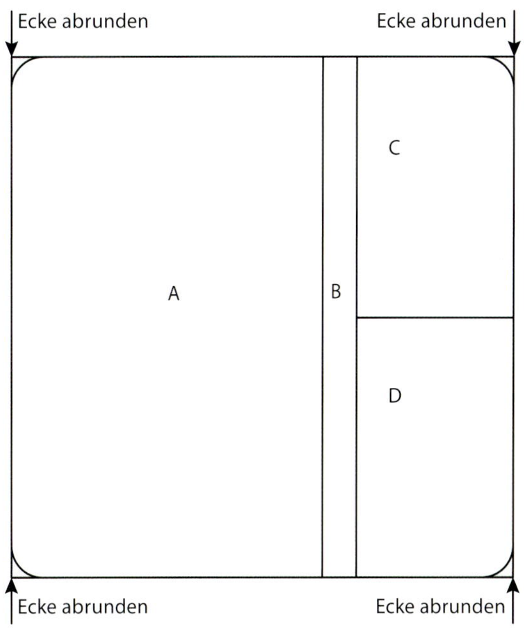

Schema 1: Patchwork-Oberstoff

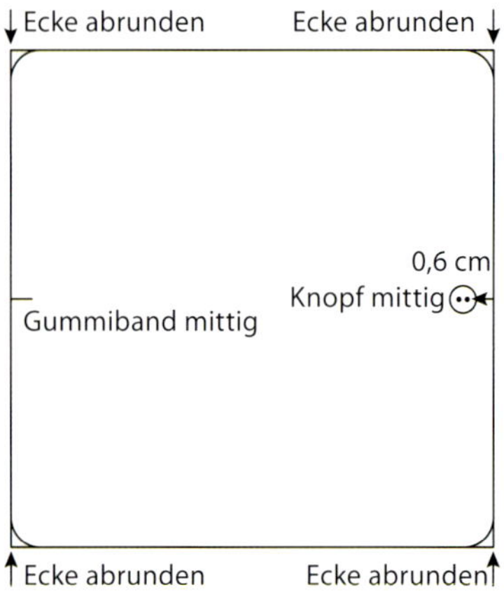

Schema 2: Oberstoff/Futter

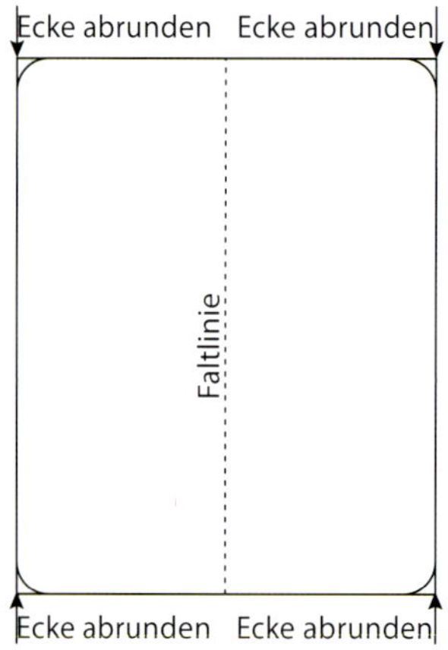

Schema 3: Innentasche

Gummiband anheften.

Futter

Schneiden Sie aus dem Futterstoff ebenfalls ein Quadrat von der Größe 20,5 cm x 20,5 cm zu. Übertragen Sie die Markierungen aus dem Schema und runden Sie die Ecken mithilfe der Rundungsvorlage ab.

Innentasche und Kartenfach

Für die Innentasche benötigen Sie ein Stoffteil in den Maßen 16,5 cm x 20,5 cm. Markieren Sie anhand des Schemas das Schnittteil und runden Sie die Ecken ab. Schneiden Sie 1 Kartenfach zu und legen Sie besonderen Wert darauf, die Falt- und Positionierlinien exakt zu übertragen.

Einlage

Messen Sie ein 20,5 cm x 20,5 cm großes Quadrat ab. Übertragen Sie anhand des Schemas sämtliche Markierungen und schneiden Sie die Rundungen mit der Rundungsvorlage zu.

Oberstoff nähen

1. Bügeln Sie die Einlage auf die falsche Seite des Oberstoffs.
2. Falten Sie das Gummiband in der Mitte zusammen, um einen Ring zu erhalten. Richten Sie den Gummiring entlang der Markierung an der Außenkante des Oberstoffs aus; heften Sie den Gummiring an.

Innentasche und Kartenfach nähen

Innentasche

1. Falten Sie die Innentasche an der Längsseite entlang der markierten Faltlinie zusammen, linke Seite auf linke Seite, und bügeln Sie den Stoff fest.

2. Steppen Sie 3 mm unterhalb der Faltlinie ab.

Kartenfach

1. Falten Sie den Kartenhalter entlang der auf dem Schnittmuster angegebenen Faltlinie 1, sodass die linken Stoffseiten aufeinanderliegen, und bügeln Sie den Stoff glatt. Legen Sie von der rechten Seite her Faltlinie 1 auf Positionierlinie 1. Festbügeln.

Bruchkante der Innentasche absteppen.

Entlang Falz 1 linke Seiten aufeinanderlegen.

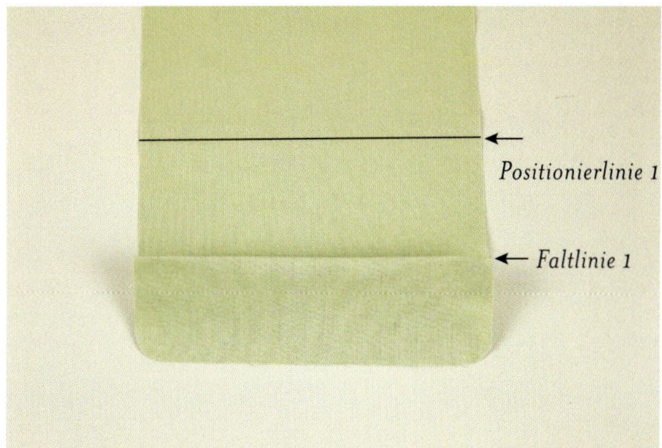

Von der rechten Seite Faltlinie 1 auf Positionierlinie 1 legen.

Faltlinie 1 genau auf Positionierlinie 1 ausrichten.

Faltlinie 4 auf linke Seite falten und festbügeln.

Alle 4 Faltlinien absteppen.

Kartenfächer und Innentasche am Futter festnähen.

2. Wiederholen Sie den Vorgang mit den Falt- und Positionierlinien 2 und 3.

3. Faltlinie 4 wird auf die falsche Seite des Kartenhalters gefaltet. Bügeln.

4. Steppen Sie jede der 4 Faltlinien 3 mm unterhalb der Kante ab.

5. Richten Sie die Innentasche und den Kartenhalter wie dargestellt auf dem Futter aus, sodass die Ecken und Kanten aufeinander liegen, und heften Sie die Schnittteile an. Steppen Sie eine Naht in der Mitte des Kartenhalters um die Kartenfächer zu halbieren, und vernähen Sie die Enden.

Einfassband anbringen

1. Stellen Sie anhand der Anleitung „Schrägband selbst herstellen“, S. 16, 91,5 cm Einfassband in der Weite 1,5 cm (eingeschlagen) her, oder kaufen sie die entsprechende Menge.
2. Legen Sie den Oberstoff und das Futter mit den falschen Seiten aufeinander und achten Sie darauf, dass das Gummiband auf der Oberseite entweder über der Innentasche oder den Kartenfächern liegt. Heften Sie die Ecken. Klappen Sie das Einfassband auf und schlagen Sie an der schmalen Seite etwa 5mm um und bügeln die Kante.
3. Stecken Sie das Einfassband rundherum fest, an den Ecken etwas lockerer, damit es sich daran anschmiegt. Am Ende legen Sie das überschüssige Band über das eingeschlagene Ende. Kürzen Sie den Überstand bis auf 1,3 cm und stecken Sie es fest.
4. Steppen Sie entlang der Einschlagkante nahe der Oberkante. Schlagen Sie das Band nach hinten, um den Saum einzufassen. Schlagen Sie die lose Kante ein und stecken Sie das Einfassband fest.
5. Steppen Sie das Band 3 mm von der Innenkante durch alle Lagen ab. Nähen Sie den Knopf auf der Markierung an der Vorderseite an.

Kurzes Ende des Schrägbands 5mm einklappen und feststecken.

Einfassband an der Geldbörse feststecken, Ecken abrunden und kurze Enden überlappen.

Einfassband durch alle Lagen feststecken.

Pochette mit Schlaufe

Nähen Sie diese Tasche mit oder ohne Armschlaufe. Bei der Herstellung dieses Projektes lernen Sie, einen Reißverschluss anzubringen. Sie können für die Blendstreifen und den Faltenwurf entweder den gleichen oder unterschiedlichen Stoff verwenden. Sowohl schwerer Deko- als auch Baumwollstoff sind geeignet.

Sie benötigen die Schnittmuster „Pochette mit Schlaufe Blendstreifenrundung (groß oder klein)", „Pochette mit Schlaufe Faltenwurf" (für beide Größen), „Pochette mit Schlaufe Faltenwurfrundung (groß oder klein)", „Pochette mit Schlaufe Oberstoff Rückseiten- und Futter Vorder-/Rückseitenrundung (groß oder klein)" und die drei Vorlagen für die „Pochette mit Schlaufe Blüte" (optional) von der Schnittmusterbogenseit S-2.

GRÖSSE: 24 cm x 13,5 cm

SCHWIERIGKEITSGRAD:

WAS SIE BENÖTIGEN:

Der Stoffverbrauch bezieht sich auf eine Stoffbreite von 110 cm.

1-Stoff-Variante

23 cm Oberstoff für den Blendstreifen, den Faltenwurf und die Rückseite

2-Stoff-Variante

11,5 cm Oberstoff für den Blendstreifen

23 cm für den Faltenwurf und die Rückseite

beide Varianten

Zusätzlich zu den genannten Materialien benötigen Sie:

11,5 cm Stoff für die Armschlaufe

23 cm Futterstoff

18 cm x 90 cm leichte Bügeleinlage

25,5 cm Allzweckreißverschluss für die große Variante

15,5 cm Allzweckreißverschluss für die kleine Variante

3 Stoffreste, je 7,5 cm x 7,5 cm für die Blüten (optional)

1,3 cm breiter Knopf

Große Variante

ZUSCHNEIDEN

Befolgen Sie die Anweisungen „Schnittmuster übertragen und verwenden" (Seite 9). Übertragen Sie alle Markierungen und Verweise auf den Stoff. Orientieren Sie sich an Schema 1-4 (S. 40).

Oberstoff

Schneiden Sie für den Blendstreifen 26,5 cm x 7,5 cm aus dem gewählten Stoff zu. Orientieren Sie sich an Schema 1: Blendstreifen, um die Schnittteile zu markieren und die Ecken mithilfe der Rundungsvorlage (große Variante) abzurunden.

Für den Faltenwurf schneiden Sie 42 cm x 10,5 cm aus dem gewünschten Stoff aus. Anhand Schema 2: Faltenwurf groß und der Rundungsvorlage schneiden Sie die Ecken zu. Legen Sie das Schnittmuster für den Faltenwurf an der Oberkante des Stoffes an und markieren Sie die obere Reihe der Faltlinien. Setzen Sie die Vorlage dann an der unteren Kante an und übertragen sie die untere Faltreihe.

Für die Rückseite messen Sie 28,5 cm x 16 cm ab. Übertragen Sie anhand Schema 4: Oberstoff Rückseite die Markierungen und zeichnen Sie die Ecken mithilfe der Rundungsvorlage an.

Armschlaufe (optional)

Für den Riemen benötigen Sie einen Stoffstreifen von 7,5 cm x 43,5 cm.

Futter

Schneiden Sie 2 Stoffteile in den Maßen 28,5 cm x 16 cm für die Vorder- und Rückseite zu. Markieren Sie die Schnittteile anhand Schema 4: Futter Vorder-/Rückseite und runden Sie die Ecken mit der Rundungsvorlage ab.

Einlage

Für die Einlage benötigen Sie ebenfalls 2 Stoffteile in den Maßen 28,5 cm x 16 cm für Vorder- und Rückseite. Zeichnen Sie mit der Rundungsvorlage die Ecken an und schneiden Sie sie zu.

Blüte (optional)

Schneiden Sie je eine Blüte anhand der Blütenschnittmuster zu.

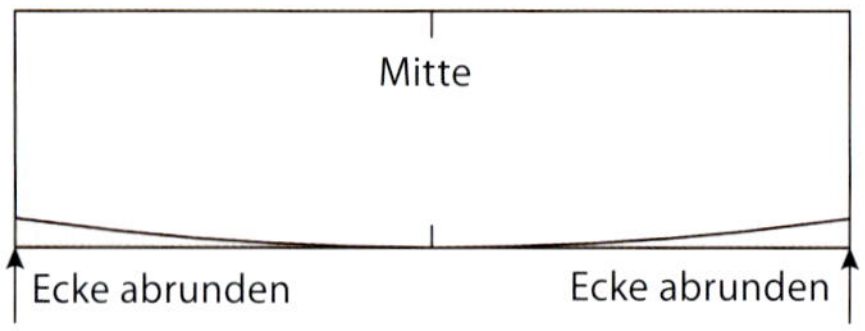

Schema 1: Blendstreifen

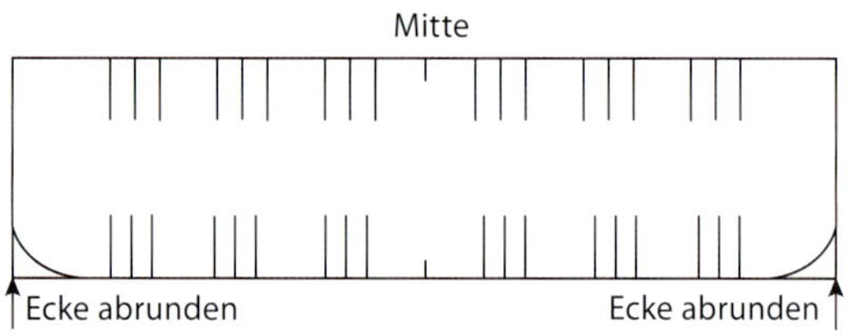

Schema 2: Faltenwurf groß

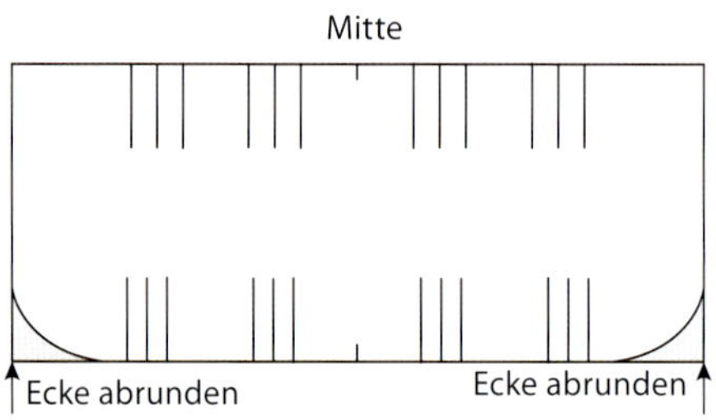

Schema 3: Faltenwurf klein

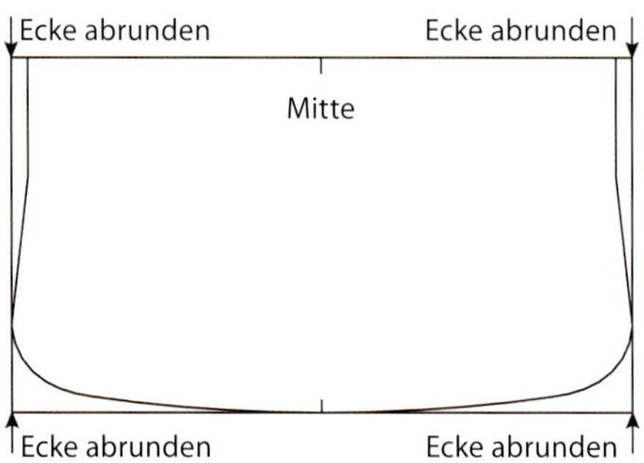

Schema 4: Oberstoff Rückseite und Futter Vorder-/Rückseite

Kleine Variante

Oberstoff

Schneiden Sie für den Blendstreifen 18 cm x 6,5 cm aus dem gewählten Stoff zu. Orientieren Sie sich an Schema 1: Blendstreifen, um die Schnittteile zu markieren und die Ecken mithilfe der Rundungsvorlage (kleine Variante) abzurunden.

Für den Faltenwurf schneiden Sie 27 cm x 11 cm aus dem gewünschten Stoff aus. Anhand Schema 3: Faltenwurf klein und der Rundungsvorlage schneiden Sie die Ecken zu. Legen Sie das Schnittmuster für den Faltenwurf an der Oberkante des Stoffes an und markieren Sie die obere Reihe der Faltlinien. Setzen Sie die Vorlage dann an der unteren Kante an und übertragen sie die untere Faltreihe.

Für die Rückseite messen Sie 19,5 cm x 14,5 cm ab. Übertragen Sie anhand Schema 4: Oberstoff Rückseite die Markierungen und zeichnen Sie die Ecken mithilfe der Rundungsvorlage an.

Armschlaufe (optional)

Für den Riemen benötigen Sie einen Stoffstreifen von 4,5 cm x 38 cm.

Futter

Schneiden Sie 2 Stoffteile in den Maßen 19,5 cm x 14,5 cm für die Vorder- und Rückseite zu. Markieren Sie die Schnittteile anhand Schema 4: Futter Vorder-/Rückseite und runden Sie die Ecken mithilfe der Rundungsvorlage ab.

Einlage

Für die Einlage benötigen Sie ebenfalls 2 Stoffteile in den Maßen 19,5 cm x 14,5 cm für Vorder- und Rückseite. Zeichnen Sie mit der Rundungsvorlage die Ecken an und schneiden Sie sie zu.

Blüte (optional)

Schneiden Sie je eine Blüte anhand der Blütenschnittmuster zu.

Blendstreifen und Faltenwurf nähen

1. Stecken Sie die obere Reihe Falten an der Oberkante des Faltenwurfs fest (siehe „Abnäher und Falten nähen", S. 16). Achten Sie darauf, dass die Falten in Richtung Stoffmitte gefaltet sind.
2. Stecken Sie die gefaltete Kante des Faltenwurfs an der runden Kante des Blendstreifens mit den rechten Seiten fest. Steppen Sie die Kanten und vernähen Sie die Enden. Bügeln Sie die Nahtzugabe auf und kerben Sie den Saum an den Rundungen ein. Steppen Sie den Blendstreifen etwa 3 mm unterhalb der Saumkante ab.

Obere Faltenreihe am Faltenwurf feststecken.

Faltenwurf am Blendstreifen annähen und absteppen.

Armschlaufe anbringen

1. Falten Sie den Stoffstreifen in der Mitte längs zusammen, sodass die linken Seiten aufeinander liegen, und bügeln Sie eine Bruchkante. Öffnen Sie den Riemen mit der falschen Seite nach oben. Für die große Tasche, klappen Sie die Kanten jeweils 1,3 cm ein und bügeln Sie die Kanten glatt. Für die kleine Variante falten Sie die Kanten zur Mitte und bügeln die Seiten. Bei beiden Varianten legen Sie den Riemen wieder an der Bruchkante zusammen und bügeln ihn erneut. Steppen Sie 3 mm unterhalb der eingeschlagenen Kanten ab.
2. Legen Sie den Riemen in der Mitte zusammen. Stecken Sie ihn an der linken Seitenkante des Blendstreifens fest, sodass die Bruchkante des Riemens 2 cm unterhalb der Oberkante liegt, und heften Sie ihn an.

Riemen an der linken Seitenkante feststecken.

Reißverschluss am Blendstreifen anlegen und Band kürzen, falls notwendig.

Vorderseitenfutter am Blendestreifen anstecken, Reißverschluss dazwischen.

Blendstreifen nah am Reißverschluss absteppen.

Oberstoffrückseite und Rückseitenfutter am Reißverschluss anbringen.

Reißverschluss anbringen

1. Schließen Sie den Reißverschluss wie auf dem Foto dargestellt und legen Sie ihn mit der rechten Seite nach unten auf den Blendstreifen. Der Schieber sollte sich 1,5 cm entfernt von der linken Seite befinden. Richten Sie die obere Kante des Reißverschlusses an der oberen unbearbeiteten Kante des Blendstreifens aus. Kürzen Sie das überstehende Ende des Reißverschlusses, aber lassen Sie mindestens 5 mm unterhalb des Endteils übrig. Wenn Sie den Reißverschluss stärker kürzen müssen, halten Sie sich an die Anleitung „Reißverschlüsse kürzen" (S. 12).

2. Stecken Sie den Reißverschluss am Blendstreifen fest. Nähen Sie mit einem Reißverschlussnähfuss den Reißverschluss am Blendstreifen 3 mm unterhalb der Oberkante an und lassen Sie an beiden Enden eine Nahtzugabe von 1,3 cm frei. Vernähen Sie die Enden.

3. Bügeln Sie die Einlage auf die linke Seite der Futtervorderseite. Stecken Sie die Oberkanten des Blendstreifens und der Futtervorderseite zusammen, sodass die rechten Seiten zueinander zeigen. Der Reißverschluss befindet sich nun zwischen dem Blendstreifen und dem Futter.

4. Nähen Sie die 3 Lagen mit einem Reißverschlussfuss nah an den Zähnchen zusammen und lassen Sie an beiden Enden eine Nahtzugabe von 1,3 cm frei. Vernähen Sie die Enden.

5. Schlagen Sie das Futter hintenüber und bügeln Sie die Kanten. Steppen Sie den Blendstreifen nah an den Reißverschlusszähnchen durch alle Stofflagen ab und lassen Sie dabei am Ende jeweils eine Nahtzugabe von 1,3 cm frei.

6. Wiederholen Sie die Schritte 2-5, um die Oberstoffrückseite und Futterrückseite an der anderen Seite des Reißverschlusses anzubringen.

Vorder- und Rückseite des Oberstoffs zusammennähen.

Oberstoff und Futter zusammenfügen

1. Öffnen Sie den Reißverschluss, bevor Sie fortfahren. Stecken Sie die untere Reihe der Falten an der Unterkante des Faltenwurfs fest. Legen Sie die rechten Seiten des Oberstoffs aneinander, sodass der Reisverschlussschieber Richtung Futter zeigt. Steppen Sie an der einen Seite nach unten, folgen Sie der Rundung entlang der Unterkante und steppen Sie an der anderen Seite wieder nach oben (aber nicht über die Reißverschlusszähnchen). Vernähen Sie die Enden. *Wenn Sie den Oberstoff zusammennähen, nähen Sie nicht in das Futter hinein.*

2. Stecken Sie die Vorder- und Rückseite des Futters rechts auf rechts zusammen und nähen Sie diese in gleicher Weise wie in Schritt 1 zusammen, aber nähen Sie diesmal vorsichtig über die Zähnchen. Lassen Sie an der Unterkante etwa 10 cm zum Umstülpen offen. Kerben Sie den Saum an den Rundungen ein. Kürzen Sie den Oberstoff und das Futter auf eine Nahtzugabe von 1,3 cm.

3. Stülpen Sie die Tasche durch die freigelassene Öffnung im Futter nach außen. Verwenden Sie ein Wendewerkzeug, um die abgerundeten Ecken auszustülpen. Bügeln Sie die Tasche flach. Schließen Sie die Öffnung mit einem Saumstich.

Vorder- und Rückseite des Futters zusammennähen.

Blüten anfertigen

1. Legen Sie die Blüten mit der rechten Seite nach oben übereinander, die größte ganz unten. Zeichnen Sie in der Mitte der obersten Blüte einen Kreis mit dem Durchmesser 1,6 cm an, wie auf der Vorlage angegeben.

2. Nähen Sie mit einem Vorstich die Kreislinie durch alle Lagen nach, ziehen Sie am Faden, bis er sich kräuselt, und fixieren Sie die Naht. Platzieren Sie den Knopf in der Mitte des Kreises und nähen Sie ihn durch alle Lagen fest. Nähen Sie die Blüten an der gewünschten Stelle der Tasche an.

Kreislinie mit Vorstich nachnähen.

Knopf annähen.

Clutches

Reizende Clutch

Dieses Projekt ist großartig für Anfänger oder jeden, der ein schnelles und schönes Geschenk braucht. Auch, wenn Sie Stoffreste verarbeiten wollen, ist dies das perfekte Projekt, um damit anzufangen! Wählen Sie den perfekten Knopf, um es in einzigartiger Weise zu ihrem zu machen. Sie können entweder Dekostoff oder Baumwollstoff verwenden.

Sie benötigen die Schnittmuster „Reizende Clutch Vorder-/Rückseitenrundung" und „Reizende Clutch Laschenrundung" vom Seite S-3 des Schnittmusterbogens.

GRÖSSE:
etwa 19,5 cm x 12,5 cm x 2,5 cm

SCHWIERIGKEITSGRAD:

WAS SIE BENÖTIGEN:
Der Stoffverbrauch bezieht sich auf eine Stoffbreite von 110 cm.

- 23 cm Oberstoff
- 23 cm Futterstoff
- 23 cm x 90 cm mittelschwere Bügeleinlage
- 18 mm Magnetverschluss
- 2,5–5 cm breiter Knopf oder Perle (optional)

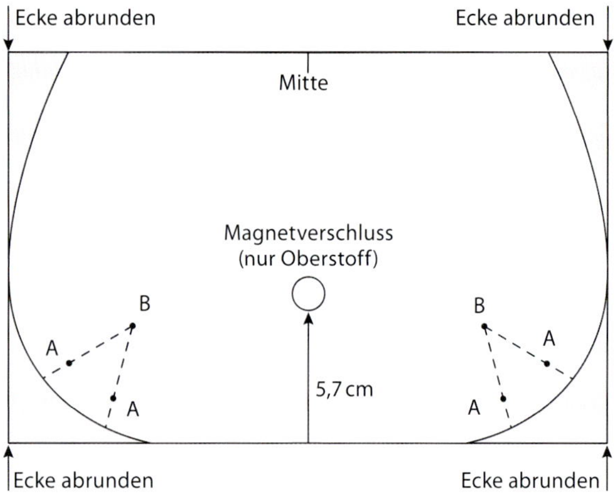

Schema 1: Vorder-/Rückseite

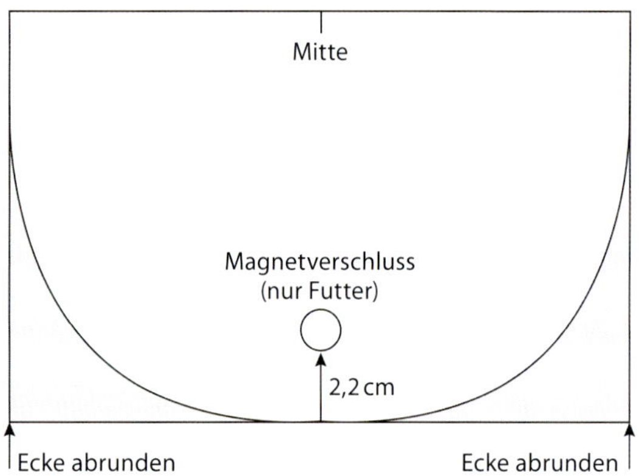

Schema 2: Lasche

ZUSCHNEIDEN

Befolgen Sie die Anweisungen „Schnittmuster übertragen und verwenden" (Seite 9). Übertragen Sie alle Markierungen und Verweise auf den Stoff.

Oberstoff

Schneiden Sie für die Vorder- und Rückseite je 26,5 cm x 16,5 cm zu. Übertragen Sie die Markierungen gemäß Schema 1: Vorder-/Rückseite und verwenden Sie die Rundungsvorlage, um die Ecken anzuzeichnen und abzurunden. Schneiden Sie ein Stoffteil in den Maßen 22 cm x 14 cm für die Lasche zu. Übertragen Sie anhand Schema 2: Lasche die Markierungen und runden Sie die Ecken mithilfe der Rundungsvorlage ab.

Futter

Für das Futter benötigen Sie ebenfalls 2 Stoffteile in der Größe 26,5 cm x 16,5 cm für Vor- und Rückseite und 1 Stoffteil mit den Maßen 22 cm x 14 cm für die Lasche. Verwenden Sie wieder die Rundungsvorlagen für die Ecken und übertragen Sie die Markierungen aus den Schemata.

Einlage

Die gleichen Größen wie für den Oberstoff und das Futter werden auch für die Einlage benötigt: Schneiden Sie wieder 2 Teile in 26,5 cm x 16,5 cm und 1 Teil in 22 cm x 14 cm zu und runden Sie die Ecken mithilfe der Rundungsvorlage ab. Übertragen Sie auch hier die Markierungen.

Oberstoff und Futter nähen

1. Bügeln Sie die Einlage auf die linken Stoffseiten des Oberstoffs.
2. Bringen Sie den Magnetverschluss an der Vorderseite des Oberstoffs und am Futterstoff der Lasche wie markiert an (siehe „Magnetverschlüsse anbringen", S. 13).
3. Steppen Sie die Abnäher auf der Vorder- und Rückseite sowohl des Oberstoffs als auch auf dem Futter (siehe „Abnäher und Falten nähen", S. 16).
4. Bügeln Sie die Abnäher der Vorderseitenteile in Richtung Mitte. Die Abnäher auf den rückwärtigen Teilen bügeln Sie nach außen.
5. Stecken Sie die Vorder- und Rückseite des Oberstoffes an den rechten Seiten zusammen. Da die Abnäher auf der Vorder- und Rückseite in unterschiedliche Richtungen gebügelt sind, liegen Sie flach auf. Nähen Sie entlang der Seitenkante nach unten und an der gegenüberliegenden Seite wieder nach oben, vernähen Sie die Nahtenden. Kerben Sie den Saum an den Rundungen ein.
6. Wiederholen Sie Schritt 5 mit den Vorder- und Rückseiten des Futters und lassen Sie an der unteren Kante etwa 10 cm unvernäht, um das Futter umzustülpen.

Lasche nähen

1. Stecken Sie die rechten Seiten von Klappenfutter und Klappenoberstoff zusammen. Steppen Sie nur entlang der Rundung und lassen Sie die gerade Kante unvernäht. Kerben Sie den Saum an der Rundung ein und kürzen Sie die Nahtzugabe auf 1,3 cm.
2. Stülpen Sie die Lasche nach außen. Bügeln Sie die Lasche und steppen Sie 3 mm unterhalb des Saums ab.

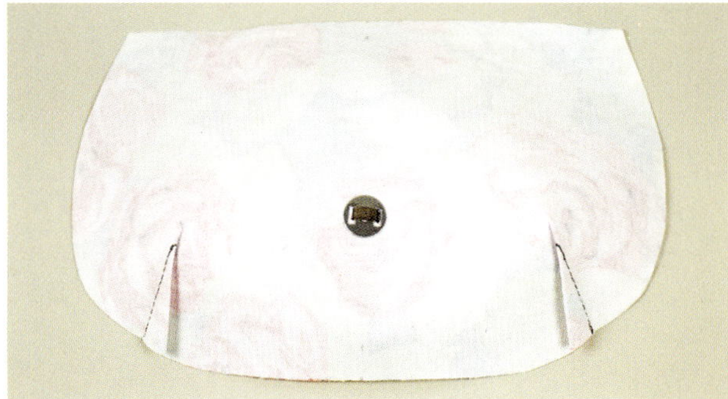

Abnäher für Vorderseite nähen und Richtung Mitte bügeln.

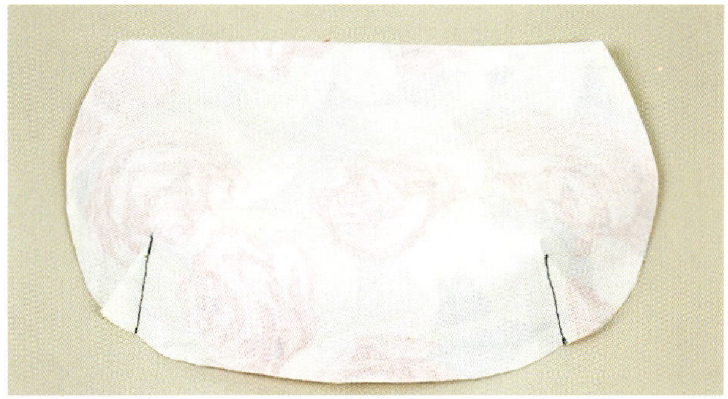

Abnäher für Rückseite nähen und nach außen bügeln.

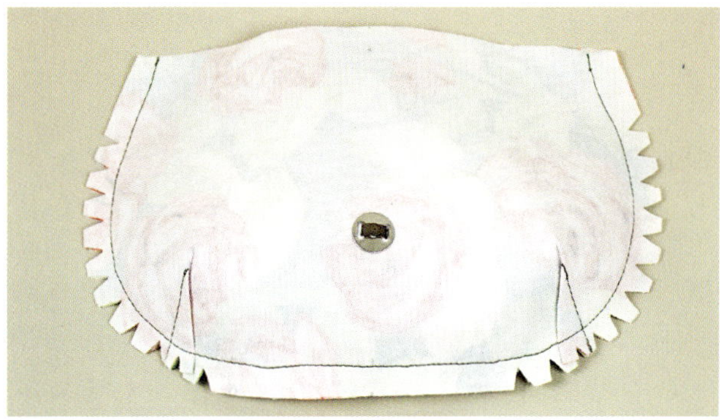

Seiten-und Unterkante steppen.

Lasche umstülpen und absteppen.

Lasche an der Rückseite des Oberstoffs feststecken und anheften.

Oberstoff in Futter einlegen.

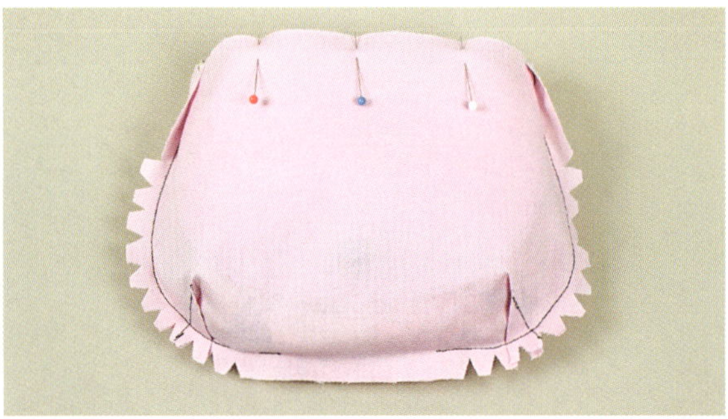
Um die Öffnung herum feststecken.

Umstülpen, bügeln und absteppen.

Oberstoff und Futter zusammenfügen

1. Bügeln Sie die Nahtzugaben von Oberstoff und Futter auf. Stülpen Sie die rechten Seiten des Oberstoffs nach außen.
2. Legen Sie die rechte Stoffseite der Lasche an der Rückseite der Clutch an und richten Sie die unvernähten Kanten aneinander aus. Stecken Sie alles fest und heften Sie die Lasche an.
3. Legen Sie den Oberstoff rechts an rechts in das Futter ein, sodass die Lasche zwischen Oberstoff und Futter liegt.
4. Stecken Sie alles unterhalb der Öffnung zusammen.
5. Steppen Sie um die Öffnung herum. Stumpfen Sie die Ecken an der oberen Kante ab. Stülpen Sie die Tasche durch die Futteröffnung und verschließen Sie diese mit einem Saumstich. Verstauen Sie das Futter im Oberstoff und bügeln Sie die Taschenöffnung.
6. Steppen Sie die Taschenöffnung 3 mm unterhalb der Saumkante ab. Nähen Sie abschließend den Knopf an der gewünschten Stelle an.

SHARE
YOUR HEART

Elegant gefaltete Clutch

Sogar ein Anfänger kann diese Tasche herstellen, wenn er genau der Anleitung folgt! Mit den richtigen Stoffen und der passenden Dekoration passt diese Clutch sogar zu formellen Anlässen. Oder machen Sie sie etwas legerer, dann kann sie als Schminktäschchen verwendet werden. Sie können entweder Baumwollstoffe oder Dekostoffe verwenden.

Sie benötigen die Schnittmuster „Elegant gefaltete Clutch Vorder-/Rückseite", „Elegant gefaltete Clutch Seitenteil", „Elegant gefaltete Clutch Laschenrundung" und „elegant gefaltete Clutch Futter Vorder-/Rückseite" von Seite S-3 des Schnittmusterbogens.

GRÖSSE: Ungefähr 26,5 cm x 15,5 cm

SCHWIERIGKEITSGRAD: ●●

WAS SIE BENÖTIGEN:

Der Stoffverbrauch bezieht sich auf eine Stoffbreite von 110 cm.

- 46 cm Oberstoff
- 35 cm Futterstoff
- 30 cm x 90 cm schwere Bügeleinlage
- 18 mm Magnetverschluss
- 4–4,5 cm breiter Knopf oder Perle

ZUSCHNEIDEN

Befolgen Sie die Anweisungen „Schnittmuster übertragen und verwenden" (Seite 9). Übertragen Sie alle Markierungen und Verweise auf den Stoff.

Oberstoff

Schneiden Sie 2 Teile für die Vorder- und Rückseite zu. Für die Seiten benötigen Sie 4 Schnittteile. (Übertragen Sie die Schnittmuster und schneiden Sie 2 Teile rechts an rechts aus. Wenden Sie die Vorlage und schneiden Sie 2 weitere Teile). Die Lasche benötigt ein Schnittteil in der Größe 21,5 cm x 11,5 cm. Halten Sie sich an das Schema: Lasche, um das Schnittteil zu markieren und alle 4 Ecken mithilfe der Rundungsvorlage anzupassen.

Futter

Für das Futter benötigen Sie wieder 2 Schnittteile für Vorder- und Rückseite. Schneiden Sie außerdem aus dem Futterstoff ein Laschenteil in den Maßen 21,5 cm x 11,5 cm zu. Passen Sie wieder die Ecken mithilfe der Rundungsvorlage an und markieren Sie mithilfe des Laschenschemas die Position des Magnetverschlusses.

Einlage

Schneiden Sie aus der Einlage je ein Vorder- und Rückteil aus. Für die Lasche benötigen Sie wieder ein rechteckiges Schnittteil von der Größe 21,5 cm x 11,5 cm, dessen Ecken Sie mithilfe der Rundungsvorlage anpassen.

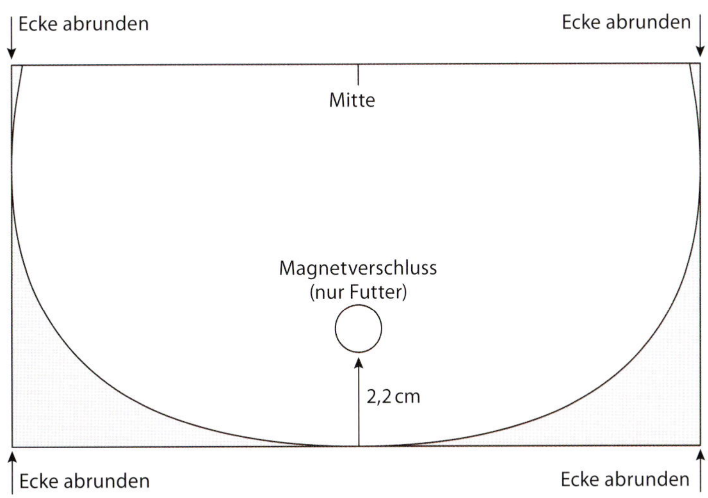

Schema: Lasche

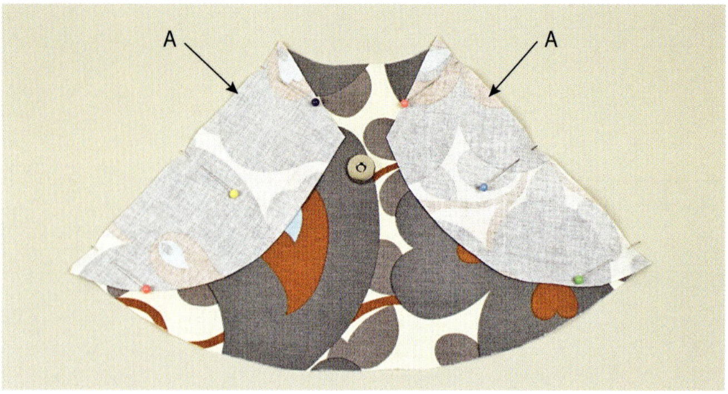

Seitenteile an der Vorderseite feststecken.

Seitenteile festnähen, bügeln und absteppen.

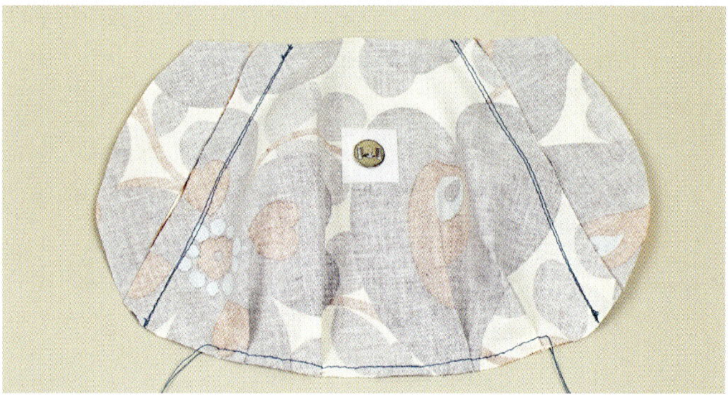

Falten legen.

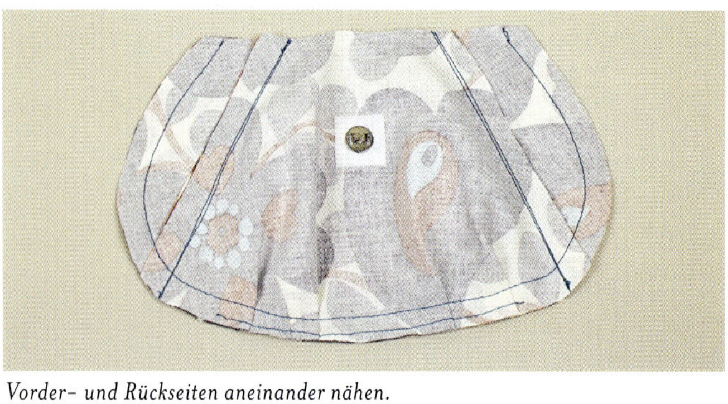

Vorder- und Rückseiten aneinander nähen.

Oberstoff nähen

1. Bringen Sie die eine Hälfte des Magnetverschlusses (siehe „Magnetverschlüsse anbringen", S. 13) auf der Oberstoffvorderseite an der markierten Stelle an (die andere Hälfte wird später angebracht).

2. Stecken Sie ein Seitenteil an jeder Seite des Vorderteils fest, sodass die rechten Seiten aufeinanderliegen und die markierten A-Punkte sich decken.

3. Steppen Sie die Kanten und vernähen Sie die Naht an beiden Enden. Schlagen Sie die Seitenteile nach außen, bügeln und steppen Sie die Kanten ab.

4. Legen Sie die Falten wie auf dem Schnittmuster vorgegeben (siehe „Abnäher und Falten nähen", S. 16). Achten Sie darauf, dass die Falten in Richtung Mitte gefaltet sind.

5. Wiederholen Sie die Schritte 2–5 für die Rückseite.

6. Stecken Sie die Vorder- und Rückseite des Oberstoffs mit den rechten Stoffseiten aneinander. Nähen Sie entlang der Seiten und der Unterkante und vernähen Sie die Enden. Kerben Sie den Saum an den Rundungen ein.

Futter nähen

1. Bügeln Sie die Einlage auf die linke Seite aller Futterstoffteile (Vorder- und Rückseite und Lasche). Stecken Sie die Vorder- und Rückseitenteile des Futterstoffs mit den rechten Seiten aneinander.

2. Steppen Sie entlang der Seiten und der Unterkante. Lassen Sie an der Unterkante etwa 10 cm zum Umstülpen der Tasche offen und vernähen Sie die Enden der Nähte.

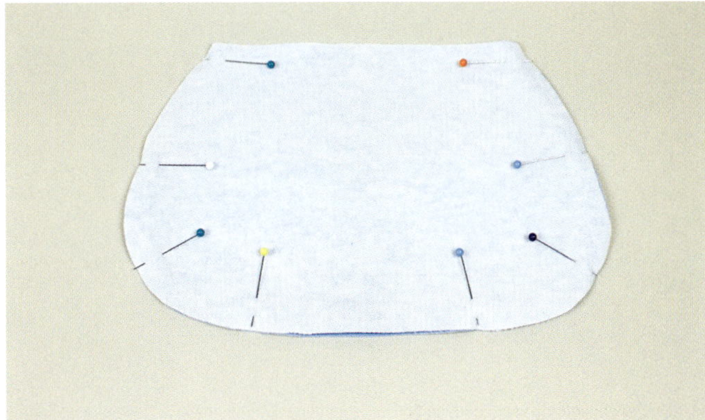

Futtervorder- und Rückseite feststecken.

Lasche nähen

1. Bringen Sie die verbliebene Hälfte des Magnetverschlusses an der Markierung der Futterstofflasche an.

2. Stecken Sie die Futterstofflasche und die Oberstofflasche mit den rechten Seiten aneinander. Steppen Sie nur entlang des abgerundeten Saums, die gerade Oberkante bleibt unvernäht. Kerben Sie den gerundeten Saum ein und kürzen Sie die Nahtzugabe auf 5 mm. Stülpen Sie die rechten Seiten der Lasche nach außen und bügeln Sie diese.

3. Steppen Sie 3 mm von der Saumkante entfernt ab.

Lasche umstülpen, bügeln und absteppen.

Lasche an der Oberstoffrückseite feststecken und heften.

Oberstoff in Futter einlegen.

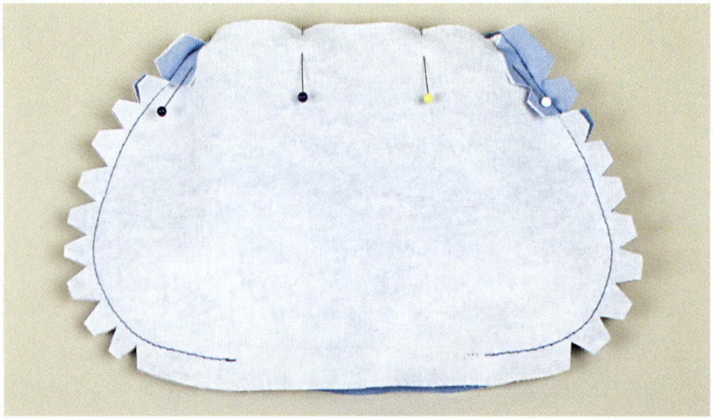

Um die Öffnung der Clutch herum feststecken.

Oberstoff und Futter zusammenfügen

1. Bügeln Sie die Nahtzugabe von Oberstoff und Futter auf. Stülpen Sie die rechten Seiten des Oberstoffs nach außen.

2. Legen Sie die Lasche rechts auf rechts auf das Rückteil der Clutch. Richten Sie die Oberkanten aneinander aus, stecken Sie die Teile fest und heften sie Lasche und Rückseite aneinander.

3. Legen Sie den Oberstoff in das Futter ein, sodass die rechten Seiten aufeinanderliegen und die Lasche zwischen Oberstoff und Futter liegt.

4. Entlang der oberen Öffnung stecken Sie nun Oberstoff und Futter aneinander fest.

5. Steppen Sie entlang der Öffnung und stumpfen Sie die Ecken an der Saumoberseite ab. Stülpen Sie die Tasche durch die Öffnung im Futter um und verschließen Sie diese mit einem Saumstich. Legen Sie das Futter in die Tasche ein und bügeln Sie die Öffnung.

6. Steppen Sie um die Öffnung herum etwa 3 mm von der Saumkante entfernt ab. Nähen Sie den Knopf an der gewünschten Stelle der Lasche an.

Umstülpen, bügeln und absteppen.

Edle Clutch

Diese Clutch ist perfekt zum Ausgehen! Sie können entweder Dekostoffe oder Baumwollstoffe verwenden. Wählen Sie einen bedruckten Stoff für die Seiten und einen passenden durchgefärbten Stoff für den Mittelstreifen. Machen Sie zu jedem Outfit eine passende Clutch!

Sie benötigen die Schnittmuster „Edle Clutch Blendstreifenrundung", „Edle Clutch Faltenwurfrundung", „Edle Clutch Laschenrundung" und „Edle Clutch Faltenwurf" von Seite S-4 des Schnittmusterbogens. Von Seite S-1 benötigen Sie außerdem das Schnittmuster „Edle Clutch Oberstoff Rückseiten- und Futter Vorder-/Rückseitenrundung"

GRÖSSE: 39 cm x 18,5 cm

SCHWIERIGKEITSGRAD: ●●

WAS SIE BENÖTIGEN:

Der Stoffverbrauch bezieht sich auf eine Stoffbreite von 110 cm.

- 46 cm bedruckter Oberstoff
- 11,5 cm durchgefärbter Oberstoff
- 46 cm Futterstoff
- 46 cm x 90 cm schwere Bügeleinlage
- 18 mm Magnetverschluss

ZUSCHNEIDEN

Befolgen Sie die Anweisungen „Schnittmuster übertragen und verwenden" (Seite 9). Übertragen Sie alle Markierungen und Verweise auf den Stoff.

Bedruckter Oberstoff

Für die Blendstreifen benötigen Sie zwei Schnittteile in den Maßen 17,5 cm x 9,5 cm. Orientieren Sie sich an Schema 1: Blendstreifen, um die Ecken mithilfe der Rundungsvorlage an allen Teilen anzuzeichnen und abzurunden. Vergessen Sie nicht, das Schnittmuster umzudrehen, um das zweite Schnittteil zuzuschneiden.

Der Faltenwurf wird aus 2 Schnittteilen der Größe 22,5 cm x 14,5 cm angefertigt. Verwenden Sie Schema 2: Faltenwurf, um mithilfe der Rundungsvorlage an jedem Teil eine Ecke abzurunden. Legen Sie das Schnittmuster für den Faltenwurf an der oberen Kante des Oberstoffs an und übertragen Sie die Markierungen für die obere Reihe der Falten. Legen Sie die Vorlage dann an der unteren Kante an und übertragen Sie die untere Faltenreihe auf den Stoff. Denken Sie daran, die Vorlage umzudrehen und das zweite Schnittteil zu markieren.

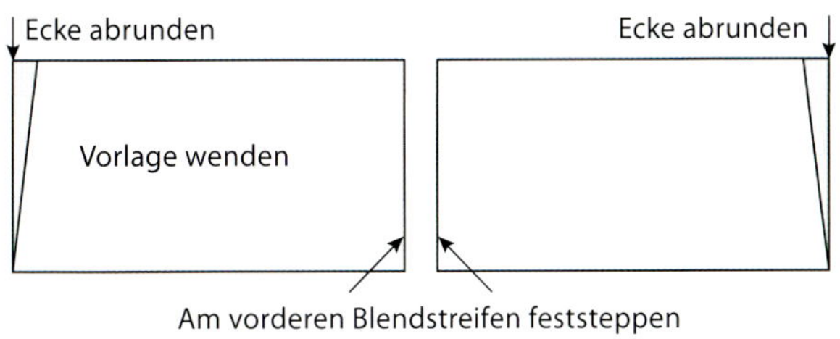

Schema 1: Blendstreifen

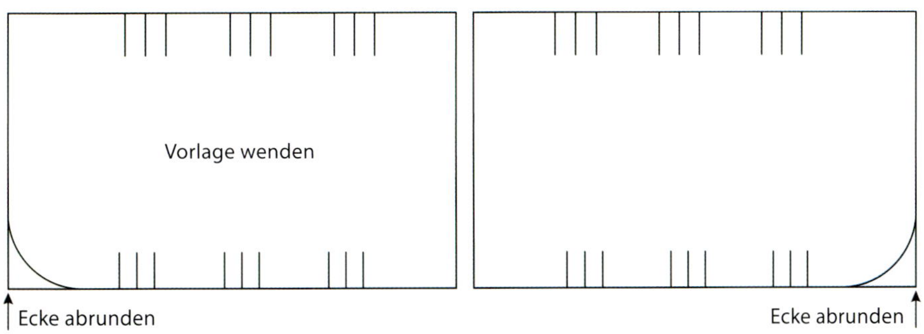

Schema 2: Faltenwurf

Schneiden Sie ein Stoffteil von 42cm x 21,5cm für die Rückseite zu. Übertragen Sie die Markierungen anhand Schema 3: Oberstoff Rückseite und Futter Vorder-/Rückseite (S. 60) und runden Sie die Ecken mithilfe der Rundungsvorlage ab. Für die Laschenseitenteile schneiden Sie 2 Stoffteile in der Größe 16,5 cm x 11,5 cm zu. Schema 4: Laschenseitenteile (S. 60) zeigt Ihnen, wo Sie die Teile markieren müssen. Mithilfe der Rundungsvorlage schneiden Sie die Ecken der einzelnen Teile zu. Denken Sie daran, die Vorlage zu wenden, um das zweite Teil zu markieren.

Gefärbte Oberstoff

Für den Streifen auf der Vorderseite benötigen Sie 10,5 cm x 21,5 cm.

Der Streifen auf der Lasche benötigt ebenfalls die Maße 10,5 cm x 11,5 cm.

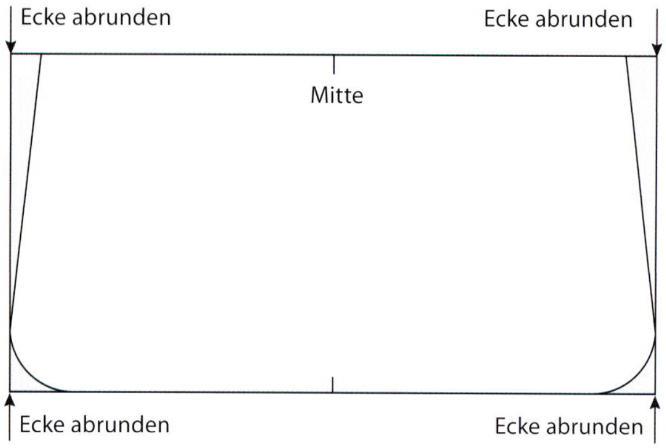

Schema 3: Oberstoff Rückseite und Futter Vorder-/Rückseite

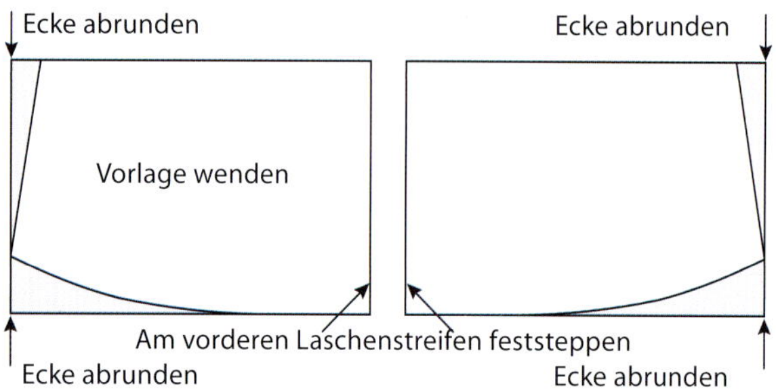

Schema 4: Laschenseitenteile

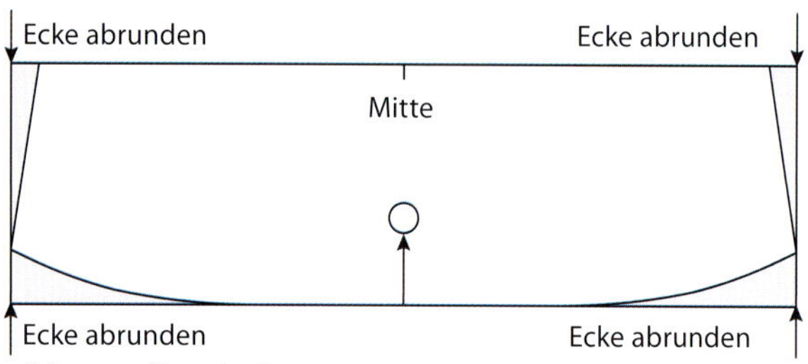

Schema 5: Futterlasche

Futter

Für die Futter Vorder- und Rückseite benötigen Sie 2 Stücke in der Größe 42 cm x 21,5 cm. Markieren Sie die Teile anhand Schema 3: Oberstoff Rückseite und Futter Vorder-/Rückseite und runden Sie die Ecken mithilfe Rundungsvorlage ab. Die Futterlasche wird aus einem Schnittteil der Größe 38,5 cm x 11,5 cm angefertigt. Markieren Sie auch dieses Schnittteil anhand des Schemas und passen Sie die Ecken mithilfe der Rundungsvorlage an.

Einlage

Schneiden Sie aus der Einlage 2 Teile in der Größe 42 cm x 21,5 cm zu. Übertragen Sie die Markierungen aus Schema 3: Oberstoff Rückseite und Futter Vorder-/Rückseite und runden Sie die Ecken mithilfe Rundungsvorlage ab.

Für die Lasche benötigen Sie ein Schnittteil in den Maßen 38,5 cm x 11,5 cm. Verwenden Sie das Schema, um die Markierungen zu übertragen und die Ecken mithilfe der Rundungsvorlage anzupassen.

Oberstoff nähen

1. Falten Sie bei beiden Vorderseiten die Falten entlang der geraden oberen Kante (siehe „Abnäher und Falten nähen“, S. 16). Achten Sie darauf, dass die Falten auf beiden Teilen in Richtung Mitte gefaltet sind.

2. Stecken Sie die gefalteten Kanten der Faltenteile rechts auf rechts an den Unterkanten der Blendstreifen fest. Steppen Sie die Kanten und vernähen Sie die Enden der Nähte. Bügeln Sie die Säume in Richtung der Blendstreifen.

3. Schlagen Sie die Blendstreifen um und steppen Sie sie etwa 3 mm vom Saum entfernt ab. Bügeln Sie die Naht.

4. Bringen Sie die eine Hälfte des Magnetverschlusses (siehe „Magnetverschlüsse anbringen“, S. 13) am vorderen Mittelstreifen an, wobei die obere Rundung des Magnets 5,5 cm unterhalb der Oberkante liegt (die andere Hälfte wird später angebracht).

5. Stecken Sie das zusammengesetzte Faltenwurfteil und den vorderen Mittelstreifen mit den rechten Stoffseiten entlang der Mittellinie aneinander fest.

6. Steppen Sie die Teile zusammen und vernähen Sie die Enden der Naht. Bügeln Sie den Saum in Richtung Mittelstreifen und nähen Sie das verbleibende Faltenteil an der anderen Seite des Mittelstreifens in gleicher Weise fest. Steppen Sie den Mittelstreifen etwa 3 mm von den Saumkanten entfernt ab, um die Vorderseite fertigzustellen.

7. Stecken Sie Vorder- und Rückseite rechts auf rechts zusammen und legen Sie die Unterkante wie in den Markierungen vorgegeben in falten.

8. Nähen Sie entlang der Seiten und der Unterkante, vernähen Sie die Enden der Naht. Kerben Sie den gerundeten Saum ein.

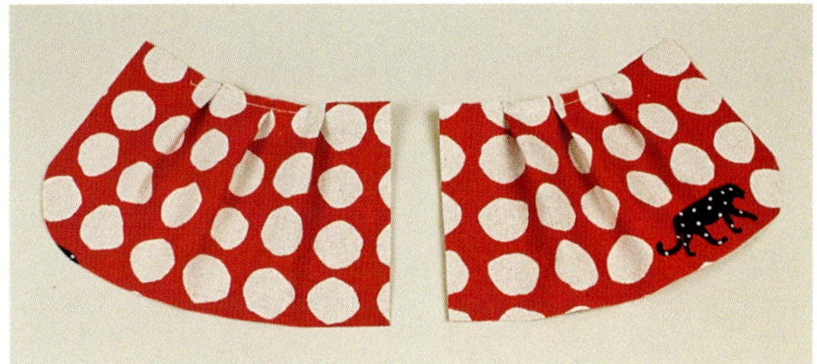

Obere Faltenreihe legen.

Faltenwurf und Blendstreifen zusammennähen.

Zusammengesetzte Vorderseitenteile an Mittelstreifen feststecken.

Vorder- und Rückseite aneinander stecken und untere Faltenreihe legen.

Laschenseitenteile am Laschenmittelstreifen annähen und absteppen.

Lasche am Futter festnähen, wenden, bügeln.

Lasche nähen

1. Stecken Sie ein Laschenseitenteil entlang der Mittellinie am Laschenmittelstreifen fest, sodass die rechten Seiten aufeinander liegen. Steppen Sie die Teile aneinander und vernähen Sie die Enden. Bügeln Sie den Saum in Richtung des Mittelstreifens.

2. Nähen Sie das zweite Laschenseitenteil wie in Schritt 1 beschrieben an der anderen Seite des Mittelstreifens fest. Steppen Sie den Mittelstreifen auf beiden Seiten 3 mm neben der Kante ab, um die Lasche fertigzustellen.

3. Bügeln Sie die Einlage auf die linke Stoffseite der Futterlasche. Bringen Sie den zweiten Teil des Magneten an der Markierung auf dem Futter an.

4. Befestigen Sie die Oberstofflasche und die Lasche aus Futterstoff mit den rechten Stoffseiten aneinander. Steppen Sie nur die Seiten, die Rundungen und die Unterkante, die Oberkante bleibt unvernäht. Kerben Sie den abgerundeten Saum ein und kürzen Sie die Nahtzugabe auf 5 mm. Stülpen Sie die rechten Seiten nach außen und bügeln Sie die Lasche.

5. Steppen Sie die Lasche 3 mm entlang der Kanten ab.

Futter nähen

1. Bügeln Sie die Einlage auf die falsche Stoffseite der Vorder- und Rückseite des Futters. Stecken Sie die Futtervorder- und Rückseiten rechts auf rechts fest.

2. Steppen Sie den Saum an den Seiten und an den unteren Kanten, aber lassen Sie etwa 10 cm an der Unterkante unvernäht, um die Tasche umzustülpen. Kerben Sie den Saum an den Rundungen wieder ein.

Lasche an der Rückseite aus Oberstoff anstecken und heften.

Oberstoff in das Futter stecken.

Oberstoff und Futter zusammenfügen

1. Bügeln Sie die Nahtzugabe des Oberstoffs und des Futters auf. Stülpen Sie die rechten Seiten des Oberstoffs nach außen.

2. Positionieren Sie die Lasche rechts auf rechts auf der Rückseite der Clutch, entlang der oberen Kante. Fixieren Sie mit Stecknadeln und heften Sie die Teile zusammen.

3. Stecken Sie den Oberstoff in das Futter, sodass die rechten Stoffseiten aufeinander liegen und die Lasche zwischen Oberstoff und Futter liegt.

4. Befestigen Sie das Futter und den Oberstoff entlang der Öffnung der Clutch aneinander.

5. Steppen Sie entlang der Öffnung, stumpfen Sie die Ecken entlang des Saums ab. Stülpen Sie die rechten Seiten der Tasche durch die Öffnung im Futter nach außen. Schließen Sie anschließend die Öffnung mit einem Saumstich. Legen Sie das Futter in die Tasche ein und bügeln Sie die Taschenöffnung.

6. Steppen Sie die obere Öffnung 3 mm unterhalb des Saums ab.

Entlang der oberen Öffnung der Clutch feststecken.

Umstülpen, bügeln und absteppen.

Große Taschen

Geräumige Allzwecktasche

Die Falten geben dieser reizenden Tasche ein rundliches, bezauberndes Aussehen. Da sie sehr geräumig ist, ist sie ideal als Wickeltasche. Sie können entweder einen einzelnen Stoff verwenden oder verschiedene Stoffstücke aneinandernähen. Diese Tasche sieht sowohl mit als auch ohne Einlage gut aus; allerdings ist die Tasche ohne Einlage weicher und hat weniger Kontur. Da das Futter zu sehen ist, ist es wichtig, bei der Wahl von Oberstoff und Futter auf zueinanderpassende Farben und Muster zu achten.

Verwenden Sie die Schnittmuster „Geräumige Allzwecktasche Vorder-/Rückseite" und „Geräumige Allzwecktasche Boden" von Seite S-1 des Schnittmusterbogens.

GRÖSSE:
ungefähr 49,5 cm x 35,5 cm x 18,5 cm, Henkel 21 cm

SCHWIERIGKEITSGRAD: ●●

WAS SIE BENÖTIGEN:

Der Stoffverbrauch bezieht sich auf eine Stoffbreite von 110 cm.

- 103 cm zusammengenähte Stoffstücke, um einen Stoffbedarf von 92 cm zu decken
- 103 cm Futterstoff für Futter und Innentasche
- 85 cm x 90 cm leichte Bügeleinlage
- 18 mm Magnetverschluss
- 10–13 cm Klettband für den Verschluss der Innentasche (optional, siehe „Innentaschen einnähen", S. 14)

ZUSCHNEIDEN

Befolgen Sie die Anweisungen „Schnittmuster übertragen und verwenden" (Seite 9). Übertragen Sie alle Markierungen und Verweise auf den Stoff.

Oberstoff

Schneiden Sie die beiden Teile für Vorder- und Rückseite zu. Für den Boden schneiden Sie ebenfalls das passende Teil aus.

Futter

Auch hier benötigen Sie zwei Teile für die Vorder- und die Rückseiten und ein weiteres für den Boden. Schneiden Sie für die Tasche zwei Stoffteile in 20,5 cm x 18 cm zu.

Einlage

Für die Einlage brauchen Sie 2 Teile für Vorder- und Rückseite und ein Teil für den Boden.

Innentasche anbringen

Nähen Sie die Innentasche (siehe „Innentaschen einnähen", S. 14). Platzieren Sie diese dann mittig auf dem Vorder- oder Rückenteil des Futters, sodass die untere Kante der Tasche einen Abstand von 13 cm zur unteren Kante des Vorder- oder Rückenteils hat. Steppen Sie die Tasche ab – an der einen Seite nach unten, an der Unterkante entlang und an der gegenüberliegenden Seite wieder nach oben. Vernähen Sie die Nahtenden.

Oberstoff und Futter nähen

1. Bügeln Sie die Einlage auf die falsche Stoffseite der Oberstoffteile (Vorder-, Rückseite, Boden).
2. Nähen Sie die Abnäher auf den Vorder- und Rückseitenteilen (siehe „Abnäher und Falten nähen", S. 16). Bügeln Sie die Abnäher in Richtung Mitte.
3. Stecken Sie die Vorder- und Rückseitenteile des Oberstoffs mit den rechten Stoffseiten aneinander. Steppen Sie die Seitenkanten nur bis zur Markierung von Punkt C, wie im Schnittmuster angegeben, und vernähen Sie die Nahtenden. Bügeln Sie die Nahtzugabe nach beiden Seiten auf.
4. Fixieren Sie mithilfe der Stecknadeln den Boden rechts auf rechts an den Vorder- und Rückseitenteilen, sodass die Markierungen aus den Schnittmustern aufeinanderliegen. Stecken Sie zuerst Nadeln in die zwei Seiten, dann in die zwei Mittelpunkte und dann dazwischen.
5. Steppen Sie entlang der Unterkante und vernähen Sie die Enden. Kerben Sie den Saum entlang der Rundung ein.
6. Bringen Sie den Magnetverschluss auf den Markierungen an den Vorder- und Rückseitenteilen des Futters an (siehe „Magnetverschlüsse anbringen", S. 13).
7. Wiederholen Sie die Schritte 2–5 mit den Futterstoffteilen, bügeln Sie aber diesmal die Abnäher nach außen und lassen Sie 10 cm an der Unterkante unvernäht, um die Tasche umzustülpen.

Abnäher nähen und Richtung Mitte bügeln.

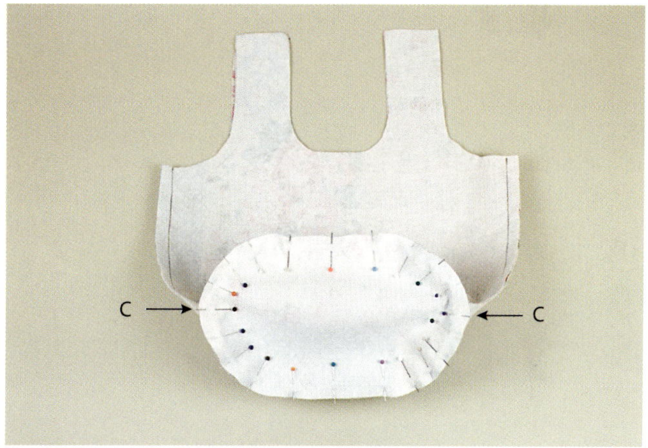

Boden an Vorder- und Rückseitenteilen feststecken.

Saumrundung an der Unterkante einkerben.

Oberstoff in Futter einlegen.

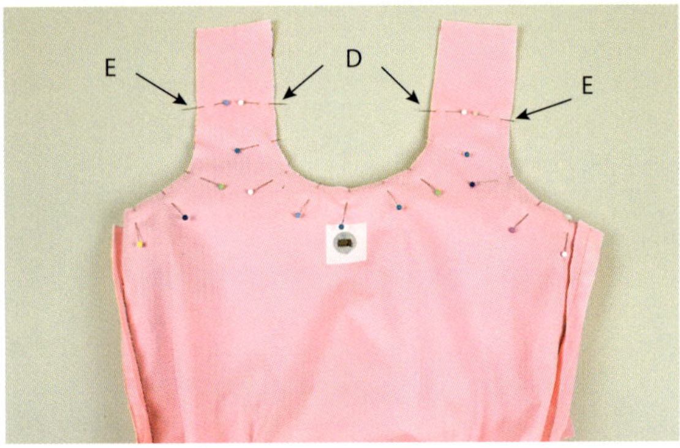

Lagen entlang der Öffnung und Henkel feststecken.

Kurze Enden der Henkel aneinanderstecken.

Eingeschlagener Kanten feststecken oder heften.

Oberstoff und Futter zusammenfügen

1. Stülpen Sie die rechten Seiten des Oberstoffs nach außen. Legen Sie den Oberstoff in das Futter ein, sodass die rechten Seiten aufeinander liegen.
2. Stecken Sie das Futter und den Oberstoff um die Öffnung der Tasche herum und an der Öffnung für die Henkel entlang bis Punkt D und E zusammen, so wie es im Schnittmuster markiert ist.
3. Steppen Sie den Oberstoff und das Futter sowohl auf den Vorder- als auch auf den Rückseitenteilen an der inneren Taschenöffnung von Punkt D bis Punkt D zusammen. An der äußeren Öffnung steppen Sie von Punkt E bis Punkt E. Schneiden Sie den Saum an den Rundungen ein.
4. Stülpen Sie die rechten Stoffseiten durch die Futteröffnung nach außen. Schließen Sie danach diese Öffnung mit einem Saumstich. Legen Sie das Futter in das Innere der Tasche ein und bügeln Sie die obere Taschenöffnung.

Fertigstellen der Tasche

1. Stecken Sie die kurzen Enden der Oberstoffhenkel, dann die kurzen Enden der Futterhenkel zusammen, jeweils rechts auf rechts.
2. Steppen Sie entlang der Kanten und vernähen Sie die Nahtenden. Bügeln Sie die Nahtzugabe auf.
3. Schlagen Sie etwa 1,3 cm an den Kanten der Henkel aus Oberstoff und Futter ein und bügeln Sie diese fest. Stecken Sie die eingeschlagenen Kanten aneinander fest, oder heften Sie die Teile aneinander.
4. Steppen Sie entlang der Taschen- und der Henkelöffnung, 3 mm unterhalb der Kante. Die eingeschlagenen Kanten werden durch das Absteppen fixiert.

Stilvolle Hobo-Tasche

Diese sehr einfache Tasche kann je nach Stoffwahl formell oder informell wirken. Es gibt nur ein Schnittmusterteil, daher ist sie schnell und einfach zu nähen. Da es sehr schwer sein kann, den perfekten Knopf, Verschluss oder die beste Perle zu ihrem Stoff zu finden, überlegen Sie es sich, ob Sie nicht zuerst den Knopf oder den Verschluss auswählen und dann erst den Stoff aussuchen. Sowohl Dekostoffe als auch Baumwollstoffe sind dafür geeignet.

Sie benötigen das Schnittmuster „Schicke Hobo-Tasche" auf der Schnittmusterbogenseite S–2.

GRÖSSE:

ungefähr 40 cm x 27 cm, Henkel 32 cm zusätzlich

SCHWIERIGKEITSGRAD:

WAS SIE BENÖTIGEN:

Der Stoffverbrauch bezieht sich auf eine Stoffbreite von 110 cm.

- 80 cm Oberstoff
- 103 cm Futterstoff für Futter und Innentasche
- 70 cm x 90 cm mittelschwere Bügeleinlage
- 18 mm Magnetverschluss
- 4–6 cm breiter Knopf oder Perle
- 10–13 cm Klettband für den Verschluss der Innentasche (optional, siehe „Innentaschen einnähen", S. 14)

ZUSCHNEIDEN

Befolgen Sie die Anweisungen „Schnittmuster übertragen und verwenden" (Seite 9). Übertragen Sie alle Markierungen und Verweise auf den Stoff.

Oberstoff

Schneiden Sie zwei Teile für die Vorder- bzw. Rückseite zu.

Futter

Neben den beiden Teilen für Vorder- und Rückseite benötigen Sie für die Innentasche 2 Teile in den Maßen 18cm x 15cm.

Einlage

Die gleichen Vorder- und Rückseitenteile benötigen Sie auch aus der Einlage.

Oberstoff und Futter nähen

1. Bügeln Sie die Einlage auf der linken Seite der Vorder- und Rückseitenteile des Oberstoffs auf.
2. Nähen Sie die Abnäher auf den Vorder- und Rückseitenteilen (siehe „Abnäher und Falten nähen", S. 16). Bügeln Sie die Abnäher auf dem Vorderseitenteil in Richtung Mitte und die auf dem Rückseitenteil nach außen.
3. Stecken Sie Vorder- und Rückseitenteile mit den rechten Stoffseiten von den Henkeln bis zur Unterkante aneinander. Die Abnäher auf der Vorder- und Rückseite zeigen in unterschiedliche Richtungen, sodass sie flach aufliegen.
4. Nähen Sie entlang der Außenkanten und vernähen Sie die Naht. Kerben Sie den abgerundeten Saum ein und bügeln Sie die Nahtzugabe nach beiden Seiten auf.
5. Bringen Sie den Magnetverschluss auf den Markierungen der Vorder- und Rückseitenteile des Futters an (siehe „Magnetverschlüsse anbringen", S. 13).
6. Wiederholen Sie die Schritte 2–5 mit den Futterteilen, lassen Sie aber ca. 13cm, an der Unterkante unvernäht, um die Tasche umzustülpen.

Innentasche anbringen

Nähen Sie die Innentasche (siehe „Innentaschen einnähen", S. 14) und platzieren Sie diese mittig auf dem Vorder- oder Rückenteil des Futters, sodass die untere Kante der Tasche einen Abstand von 9cm zur unteren Kante des Vorder- oder Rückenteils hat. Steppen Sie die Tasche ab – an der einen Seite nach unten, an der Unterkante entlang und an der gegenüberliegenden Seite wieder nach oben. Vernähen Sie die Nahtenden.

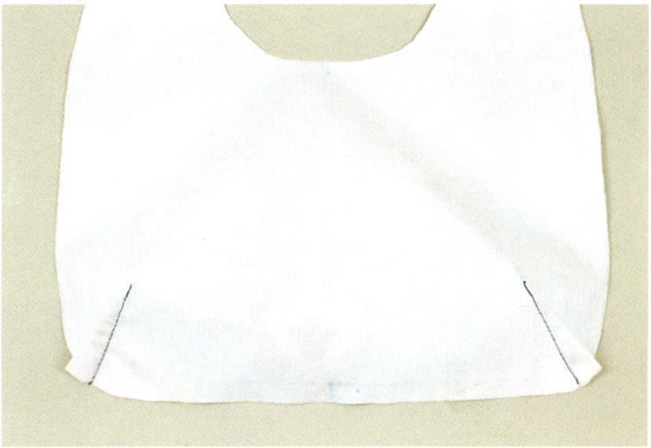

Abnäher nähen und bügeln.

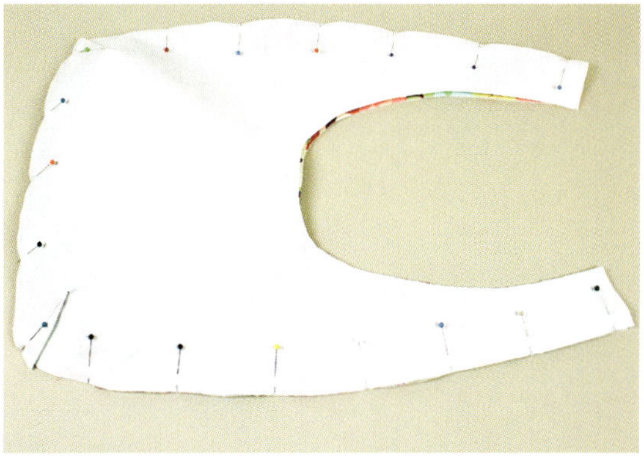

Vorder- und Rückseitenteilen an den Außenkanten zusammenstecken.

Oberstoff in das Futter einlegen.

Zwischen den C-Markierungen Oberstoff und Futter feststecken.

Oberstoff und Futter zusammenfügen

1. Stülpen Sie die rechten Seiten des Oberstoffs nach außen. Legen Sie den Oberstoff in das Futter ein, sodass die rechten Seiten aufeinanderliegen.

2. Stecken Sie den Oberstoff und das Futter an der inneren Rundung der Vorder- und Rückseitenteile zwischen den C-Punkten zusammen, so wie im Schnittmuster angegeben.

3. Steppen Sie zwischen den C-Markierungen entlang der inneren Rundung, sowohl auf der Vorder- als auch auf der Rückseite. Stülpen Sie die Tasche durch die Öffnung im Futter um und verschließen Sie die Öffnung danach mit einem Saumstich.

Tasche fertigstellen

1. Stecken Sie die kurzen Enden der Henkel des Oberstoffs mit den rechten Seiten aneinander fest.
2. Steppen Sie den Saum und vernähen Sie die Naht. Bügeln Sie die Nahtzugabe nach beiden Seiten auf. Wiederholen Sie den Vorgang für die Henkel des Futters.
3. Schlagen Sie 1,3 mm an den Außenkanten der Henkel nach innen und bügeln Sie die Kanten fest. Stecken Sie die eingeschlagenen Kanten fest oder heften Sie die Teile aneinander.
4. Steppen Sie entlang der inneren Rundung mit einem Abstand von 3 mm die Taschenöffnung ab. Die eingeschlagenen Kanten werden so fixiert.
5. Nähen Sie den Knopf oder die Perlen an der gewünschten Stelle an.

Die kurzen Enden der Henkel zusammenstecken.

Oberstoffhenkel an den kurzen Enden steppen.

Eingeschlagene Kanten der Henkel feststecken oder heften.

Entlang der inneren Rundung absteppen.

Schicke Tagestasche

Die Kombination aus gefalteter Vorderseite und runden Henkeln macht diese Tasche so anmutig. Die Falten sind einfach zu legen, aber die runden Henkel sind eine kleine Herausforderung. Sowohl Dekostoffe als auch Baumwollstoffe sind geeignet.

Verwenden Sie das Schnittmuster „Schicke Tagestasche Oberstoff Vorderseite" von Seite S-4 des Schnittmusterbogens. Außerdem benötigen Sie das Schnittmuster „Schicke Tagestasche Futter Vorder-/Rückseite und Oberstoff Rückseite", sowie „Schicke Tagestasche Henkel" auf Seite S-1 des Schnittmusterbogens.

GRÖSSE:

ungefähr 54 cm x 35 cm, Henkel 21,5 cm

SCHWIERIGKEITSGRAD: ●●●

WAS SIE BENÖTIGEN:

Der Stoffverbrauch bezieht sich auf eine Stoffbreite von 110 cm.

- 92 cm Oberstoff für Vorder- und Rückseite
- 23 cm Oberstoff für die Henkel
- 68,5 cm Futterstoff für Vorder- und Rückseite
- 23 cm Futterstoff für die Henkel
- 92 cm x 90 cm schwere Bügeleinlage
- 18 mm Magnetverschluss
- 4–6 cm breiter Knopf oder Perle
- 10–13 cm Klettband für den Verschluss der Innentasche (optional; siehe „Innentaschen einnähen", S. 14)

ZUSCHNEIDEN

Befolgen Sie die Anweisungen „Schnittmuster übertragen und verwenden" (Seite 9). Übertragen Sie alle Markierungen und Verweise auf den Stoff.

Oberstoff

Schneiden Sie je 1 Vorder- und Rückseitenteil zu (die Rückseite hat keine Falten).

Futter

Schneiden Sie 2 Schnittteile für die Vorder- und Rückseite zu. Für die Innentasche benötigen Sie 2 Stoffteile in den Maßen 18 cm x 13 cm.

Oberstoff Henkel

Für die Henkel benötigen Sie 2 Schnittteile.

Futter Henkel

Schneiden Sie die beiden Henkelteile zu.

Einlage

Aus dem Einlagenstoff schneiden Sie sowohl 2 Schnittteile für die Vorder- und Rückseite als auch 2 Teile für die Henkel zu.

Oberstoff nähen

1. Legen Sie die Falten auf dem Vorderseitenteil des Oberstoffs (siehe „Abnäher und Falten nähen", S. 16). Achten Sie darauf, dass die Falten auf beiden Seiten in Richtung Mitte gefaltet sind.

2. Stecken Sie einen Henkel rechts auf rechts auf das Vorderseitenteil, sodass die von dem Schnittmuster übertragenen A-Punkte und die markierte Mitte aufeinander liegen. Stecken Sie eine Nadel in die Mitte, jeweils eine in die A-Markierungen und füllen Sie dann dazwischen auf. Stutzen Sie wenn nötig das Vorderseitenteil zwischen den A-Punkten, um den Stoff leichter um die Kurve der Henkel legen zu können.

Falten auf dem Vorderseitenteil des Oberstoffs legen.

Henkel am Vorderseitenteil feststecken, Mitte und A-Markierungen deckend.

Henkel festnähen. Henkelsaum einkerben und Richtung Henkel bügeln.

Vorder- und Rückseitenteil an den Seiten und der Unterkante aneinanderstecken.

3. Steppen Sie den Henkel von Punkt A zu Punkt A an das Vorderseitenteil, lassen Sie an beiden Enden eine Nahtzugabe von 1,3 cm und vernähen Sie die Nahtenden. Kerben Sie den Henkelsaum an der Rundung ein und bügeln Sie den Saum Richtung Henkel.
4. Wiederholen Sie Schritt 2 und 3, um den zweiten Henkel an das Rückseitenteil zu nähen.
5. Stecken Sie die Vorder- und Rückseitenteile des Oberstoffs mit den rechten Stoffseiten an den Seiten und der Unterkante aneinander.
6. Nähen Sie die Seiten und die Unterkante zusammen und vernähen Sie die Enden. Kerben Sie den Saum an den Rundungen ein.

Innentasche anbringen

Nähen Sie die Innentasche (siehe „Innentaschen einnähen", S. 14). Platzieren Sie die Innentasche mittig auf der rechten Seite eines Futtervorder- oder Rückseitenteils, sodass die untere Kante der Tasche einen Abstand von 7,5 cm zur unteren Kante des Futters hat. Steppen Sie die Tasche ab – an der einen Seite nach unten, an der Unterkante entlang und an der gegenüberliegenden Seite wieder nach oben. Vernähen Sie die Nahtenden.

Futter nähen

1. Bügeln Sie die Einlage auf die linke Stoffseite der Futtervorder- und Rückseitenteile sowie auf die Futterhenkel.
2. Bringen Sie den Magnetverschluss auf den Futtervorder- und Rückseitenteilen an, wie es im Schnittmuster vorgegeben ist (siehe „Magnetverschlüsse anbringen", S. 13).
3. Wiederholen Sie die Schritte 2–6 von „Oberstoff nähen", um das Futter fertigzustellen, lassen Sie aber ca. 13 cm am unteren Saum unvernäht, um die Tasche umzustülpen.

Oberstoff und Futter zusammenfügen

1. Bügeln Sie die Nahtzugabe des Oberstoffs und des Futters auf. Stülpen Sie die rechten Seiten des Oberstoffs nach außen und legen Sie den Oberstoff rechts auf rechts in das Futter ein.

2. Stecken Sie den Oberstoff und das Futter entlang der Taschenöffnung zusammen, indem Sie von Punkt A auf der Vorderseite über den seitlichen Saum hin zu Punkt A auf der Rückseite Nadeln stecken. Verfahren Sie auf der anderen Seite der Tasche in gleicher Weise. Nähen Sie entlang der Kanten mit einer Nahtzugabe von 5 mm und vernähen Sie die Nahtenden. Stumpfen Sie die Ecken am oberen Ende der Seitennähte ab.

3. Nehmen Sie je einen Oberstoff- und einen Futterhenkel und stecken Sie diese zwischen Punkt A und Punkt B aneinander fest. Nähen Sie die beiden zusammen und vernähen Sie die Enden. Entlang der inneren Rundung stecken Sie nun am selben Henkel die Lagen von Punkt C bis Punkt C fest. Steppen Sie beide zusammen und vernähen Sie die Nahtenden. Trimmen Sie den Saum an der Rundung. Wiederholen Sie die einzelnen Schritte für den zweiten Henkel.

Oberstoff in Futter einlegen.

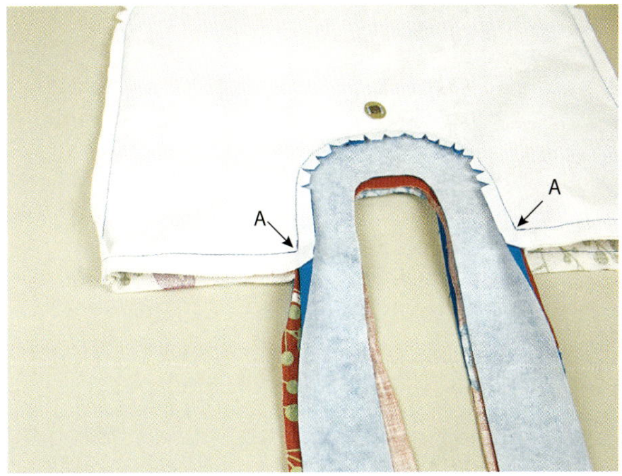

Obere Öffnung von Punkt A zu Punkt A festnähen.

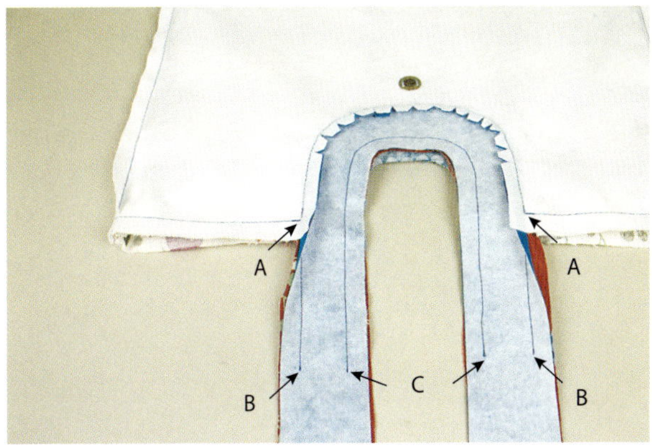

Henkel zusammennähen.

tipp

Die Ecken vorsichtig einzuschneiden ist entscheidend für das Gelingen dieser Tasche, besonders an den Ecken, an denen der Henkel an Punkt A auf die Tasche trifft. An dieser Stelle ist es eine gute Idee, die Tasche auf rechts zu stülpen, um die Form der Tasche zu prüfen und sicherzugehen, dass Sie nicht zu weit genäht oder versehentlich etwas zu früh festgenäht haben. Wenn Sie dies zuerst kontrollieren, wird es einfacher, sollten Sie eine Naht auftrennen und neu nähen müssen.

Ecken vor dem Einschneiden oder Kürzen überprüfen.

4. Stülpen Sie die rechten Seiten der Tasche durch die Öffnung im Futter nach außen und schließen Sie die verbleibende Öffnung mit einem Saumstich. Legen sie das Futter ins Innere der Tasche ein und bügeln Sie die Öffnung der Tasche.

Rechte Seiten nach außen stülpen und obere Öffnung bügeln.

Tasche fertigstellen

1. Stecken Sie die kurzen Enden der Oberstoffhenkel rechts auf rechts aneinander. Nähen Sie die Enden aneinander und vernähen Sie die Nähte. Bügeln Sie die Nahtzugaben auf und wiederholen Sie den Vorgang für die Futterstoffhenkel.

2. Schlagen Sie an den offenen Kanten der Henkel jeweils 1,3 cm nach innen und bügeln Sie die Henkel. Fixieren Sie die eingeschlagenen Kanten mit Stecknadeln oder heften Sie die Teile.

3. Steppen Sie entlang der Taschenöffnung und beiden Seiten die Henkel ab, etwa 3 mm neben den Kanten. Die eingeschlagenen Seiten werden durch das Absteppen fixiert.

Kurze Enden der Henkel zusammennähen.

Öffnung und Henkel absteppen.

Großstadt-Shopper

Diese Tasche hat breite Seiten und einen großen Boden, sodass sie in der Lage sind, eine Menge zu verstauen. Verwenden Sie Materialien wie Velours oder Leder für die Henkel, um einen einzigartigen Look zu erreichen. Das Futter ist etwas zu sehen, daher ist es auch wichtig, die Stoffe zu einander passend wählen. Verwenden Sie entweder Dekostoffe oder Baumwollstoffe.

Sie benötigen das Schnittmuster „Großstadt-Shopper Vorder-/Rückseitenteil" auf Seite S-4 des Schnittmusterbogens und das Muster „Großstadt-Shopper Seitenteil/Boden" auf Seite S-2.

GRÖSSE:
ungefähr 52 cm x 30,5 cm x 15,5 cm, Henkel etwa 23 cm

SCHWIERIGKEITSGRAD: ●●

WAS SIE BENÖTIGEN:
Der Stoffverbrauch bezieht sich auf eine Stoffbreite von 110 cm

115 cm Oberstoff für Vorder- und Rückseite

11,5 cm Oberstoff für die Henkel (oder zwei Leder- oder Veloursstreifen, 9 cm x 28 cm)

115 cm Stoff für Futter und Innentasche

80 cm x 90 cm mittelschwere Bügeleinlage

18 mm Magnetverschluss

235 cm Paspel (optional)

10–13 cm Klettband für den Verschluss der Innentasche (optional; siehe „Innentaschen einnähen", S. 14)

tipp

Veloursleder kann wie jeder andere Stoff verarbeitet werden. Allerdings kann das Velours durch das Bügeln leicht Schaden nehmen. Legen Sie daher beim Bügeln ein Stück Baumwollstoff auf das Velours; testen Sie immer erst an einem Rest, bevor Sie mit dem Nähen Ihres Projekts beginnen. Anfängern rate ich von der Verwendung von Leder ab, da es auf einigen Nähmaschinen beim Verarbeiten zu Problemen kommen kann. Außerdem benötigen Sie eine spezielle Nadel. Jemand mit viel Näherfahrung wird hingegen die größte Herausforderung beim Nähen von Leder in der Notwendigkeit sehen, das Leder vorsichtig unter dem Nähfuß zu schieben, damit es weitertransportiert wird.

ZUSCHNEIDEN

Befolgen Sie die Anweisungen „Schnittmuster übertragen und verwenden" (Seite 9). Übertragen Sie alle Markierungen und Verweise auf den Stoff.

Oberstoff

Schneiden Sie je 1 Vorder- und Rückseitenteil zu. Außerdem benötigen Sie 2 Seiten-/Bodenteile.

Futter

Schneiden Sie 2 Schnittteile für die Vorder- und Rückseite zu. Für den Boden und die Seiten benötigen Sie 2 Schnittteile. Die Innentasche wird aus 2 Stoffteilen in den Maßen 18 cm x 13 cm angefertigt.

Einlage

Aus dem Einlagenstoff schneiden Sie sowohl 2 Schnittteile für die Vorder- und Rückseite als auch 2 Teile für die Seiten und den Boden zu.

Henkel

Für die Henkel benötigen Sie 2 Teile in 9 cm x 28 cm.

tipp

Wenn Sie einen Stoff mit Laufrichtung verwenden, achten Sie darauf, dass die Schnittmusterteile in der gleichen Richtung darauf platziert werden, sodass der Verlauf des Musters stimmig ist.

Henkel anfertigen

1. Legen Sie eines der Henkelteile längs zusammen, sodass die linken Seiten aufeinander liegen, und bügeln Sie eine Bruchkante. Öffnen Sie den Henkel mit der linken Seite nach oben und schlagen Sie an den Längsseiten jeweils 1,3 cm ein. Bügeln Sie die eingeschlagenen Kanten fest, falten Sie den Henkel wieder zusammen und bügeln Sie erneut.
2. Steppen Sie den Henkel an beiden Seiten mit einer Nahtzugabe von 3 mm ab.
3. Wiederholen Sie die Schritte für den zweiten Henkel.

Oberstoff nähen

1. Bügeln Sie die Einlage auf die falsche Stoffseite der Oberstoffteile.
2. Stecken Sie die beiden Seiten-/Bodenteile entlang der 18 cm langen Kante rechts auf rechts zusammen. Nähen Sie die Teile zusammen und vernähen Sie die Nahtenden. Bügeln Sie die Nahtzugabe auf und steppen Sie zur Verstärkung auf beiden Seiten etwa 3 mm neben der Kante ab.
3. Befestigen Sie die Seiten-/Bodenteile und das Vorderseitenteil an den rechten Seiten. Richten Sie dazu zuerst die Mitte des Vorderseitenteils am Saum des Seiten-/Bodenteils aus und legen Sie dann die in den Schnittmustern angegebenen Punkte A und B passend aufeinander. Um die Rundung entlang des Vorderseitenteils anzupassen, schneiden Sie das Seiten-/Bodenteil zwischen den A- und B-Markierungen, falls nötig, ein.
4. Steppen Sie die Tasche und vernähen Sie das Ende der Naht.
5. Wiederholen Sie die Schritte 3 und 4, um das Rückseitenteil an der anderen Seite des Seiten-/Bodenteils anzubringen.

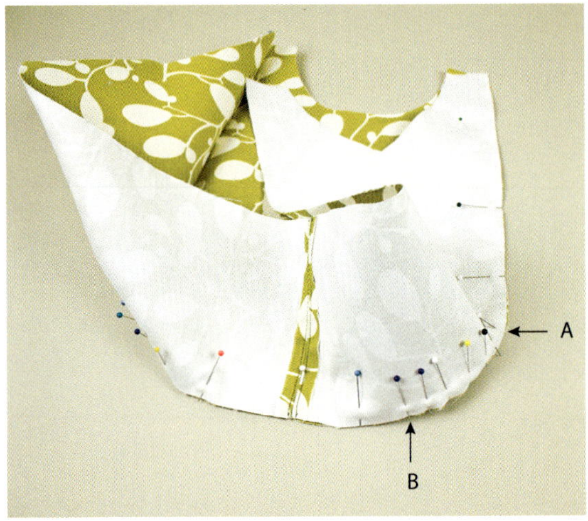

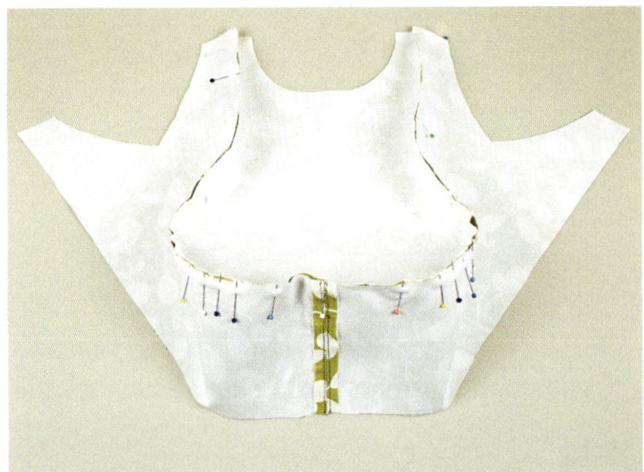

Seiten-/Bodenteil und Vorderseitenteil zusammenstecken.

tipp

Wenn Sie ein Label anbringen möchten, legen Sie es an die gewünschte Stelle. Nähen Sie es rundherum an und vernähen Sie die Nahtenden.

Innentasche anbringen

Nähen Sie die Innentasche (siehe „Innentaschen einnähen“, S. 14) und platzieren Sie die Innentasche mittig auf der rechten Seite eines Futtervorder- oder Rückseitenteils, sodass die untere Kante der Tasche einen Abstand von 11 cm zur unteren Kante des Futters hat. Steppen Sie die Tasche ab – an der einen Seite nach unten, an der Unterkante entlang und an der gegenüberliegenden Seite wieder nach oben. Vernähen Sie die Nahtenden.

Futter nähen

1. Bringen Sie wie im Schnittmuster vorgegeben den Magnetverschluss an den Futtervorder- und Rückseitenteilen an (siehe „Magnetverschlüsse anbringen“, S. 13).

2. Wiederholen Sie die Schritte 2–5 von „Oberstoff nähen“, um das Futter fertigzustellen, lassen Sie aber etwa 13 cm an der Unterkante unvernäht, um die Tasche umzustülpen.

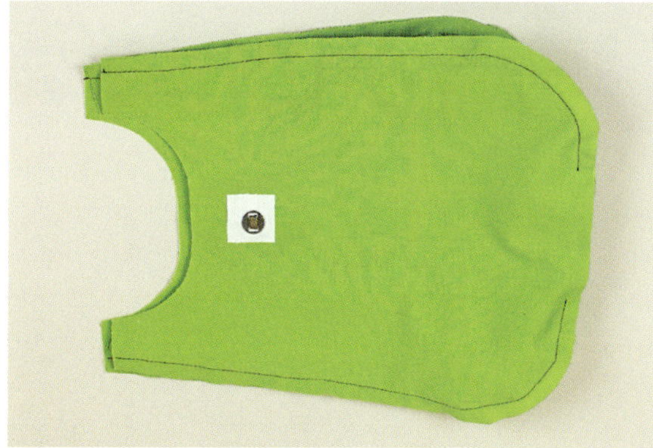

Futter anfertigen.

Ende des einen Henkels am Vorderseitenteil, das des anderen am Rückseitenteil des Oberstoffs befestigen.

Oberstoff und Futter zusammenfügen

1. Bügeln Sie die Nahtzugabe am Oberstoff und am Futter auf. Wenden Sie den Oberstoff mit den rechten Stoffseiten nach außen.

2. Richten Sie das untere Ende eines der Henkel an der rechten Stoffseite des Oberstoffs aus, sodass es mittig zwischen den C-Markierungen auf dem Vorderseitenteil liegt (siehe Schnittmustervorlage). Stecken Sie ihn fest und heften Sie die Teile. Das andere Ende dieses Henkels wird später angebracht. Stecken Sie den verbleibenden Henkel in gleicher Weise am Rückseitenteil des Oberstoffs an und heften Sie ihn fest.

3. Legen Sie den Oberstoff in das Futter ein. Die rechten Seiten zeigen zueinander und die Henkel liegen zwischen dem Oberstoff und dem Futter.

4. Stecken Sie Oberstoff und Futter entlang der Taschenöffnung zusammen.

Oberstoff ins Futter einlegen.

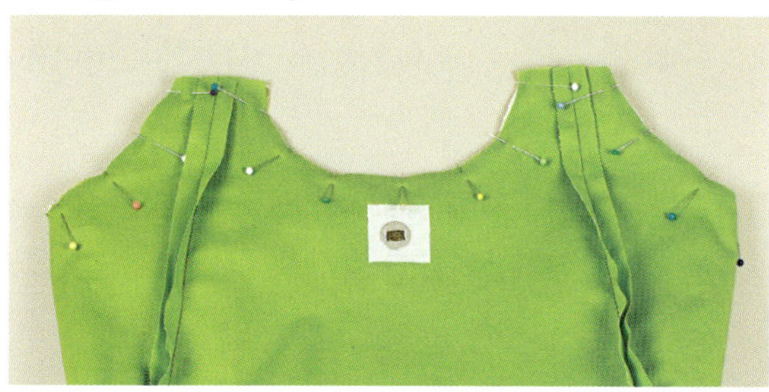

Futter entlang der Öffnung am Oberstoff feststecken.

Taschenöffnung zwischen den C-Punkten unvernäht lassen.

Öffnung im Futter mit Saumstich schließen.

Tasche umstülpen und bügeln.

5. Steppen Sie entlang der oberen Taschenöffnung. Zwischen den C-Markierungen bleiben die Lagen unvernäht, da dort später die verbleibenden Henkelenden eingesteckt werden.

6. Stülpen Sie die Tasche durch die Öffnung im Futter nach außen. Verschließen Sie die Öffnung danach mit einem Saumstich.

7. Legen Sie das Futter in die Tasche ein und bügeln Sie die Taschenöffnung.

8. Schlagen Sie die Nahtzugabe an der Öffnung für die Henkel 1,3 cm ein und bügeln Sie diese glatt. Schieben Sie die verbliebenen Henkelenden 1,3 cm weit in die jeweilige Öffnung und stecken sie alles fest.

9. Steppen Sie die Taschenöffnung 3 mm unterhalb der Kante ab. Die Henkelenden werden durch das Absteppen fixiert.

Henkelenden einstecken und feststecken.

Taschenöffnung absteppen.

Hübsche Henkeltasche

Diese moderne Tasche hat eine wunderschöne runde Form und verwendet Ringe, um die Henkel zu befestigen. An Ihren Schultern wird sie sehr bequem anliegen. Der Kontrast der Seitenteile lässt diese Tasche wie ein Designerstück wirken. Putzen Sie die Tasche mit einem romantischen Ansteckbouquet aus Ajour noch ein wenig heraus. Sowohl Dekostoffe als auch Baumwollstoffe sind für die Tasche geeignet.

Verwenden Sie die Schnittmuster „Hübsche Henkeltasche Vorder-/Rückseitenteil" auf Seite S-2 und „Hübsche Henkeltasche Seite/Boden" auf Seite S-3 sowie das „Blumentasche Blütenmuster" auf Seite S-1 des Schnittmusterbogens.

GRÖSSE:
Ungefähr 42 cm x 27,5 cm x 7,5 cm, Henkel etwa 31 cm

SCHWIERIGKEITSGRAD: ●●

WAS SIE BENÖTIGEN:

Der Stoffverbrauch bezieht sich auf eine Stoffbreite von 110 cm.

- 70 cm Oberstoff für Vorder- und Rückseite
- 46 cm Oberstoff für die Seiten, den Boden und die Henkel
- 70 cm Futterstoff
- 95 cm x 90 cm mittelschwere Bügeleinlage
- 4 O-Ringe, 3 cm Durchmesser, für die Henkel (rund, oval oder rechteckig)
- 18 mm Magnetverschluss
- 10–13 cm Klettband für den Verschluss der Innentasche (optional; siehe „Innentaschen einnähen", S. 14)

Bouquet

- 14 cm x 28 cm Ajourstoff
- 14 cm x 14 cm durchgefärbter Stoff
- 4-5 Perlen, Durchmesser etwa 1,3 cm
- durchsichtiger Faden

ZUSCHNEIDEN

Befolgen Sie die Anweisungen „Schnittmuster übertragen und verwenden" (Seite 9). Übertragen Sie alle Markierungen und Verweise auf den Stoff.

Oberstoff

Schneiden Sie je 1 Vorder- und Rückseitenteil zu. Außerdem benötigen Sie 1 Schnittteil für Seite und Boden. Für die Henkel benötigen Sie 2 Teile in den Maßen 9 cm x 36 cm.

Futter

Schneiden Sie 2 Schnittteile für die Vorder- und Rückseite zu. Für den Boden und die Seiten benötigen Sie 1 Schnittteil. Die Innentasche wird aus 2 Stoffteilen der Größe 18 cm x 15 cm hergestellt.

Einlage

Aus dem Einlagenstoff schneiden Sie sowohl 2 Schnittteile für die Vorder- und Rückseite als auch 1 Teil für den Boden und die Seiten aus.

Bouquet

Verwenden Sie die Vorlagen, um 2 Blüten aus Ajour und eine Blüte aus durchgefärbten Stoff auszuschneiden.

Oberstoff nähen

1. Bügeln Sie die Einlage auf die linke Stoffseite der Oberstoffteile (Vorderseite, Rückseite, Seite/Boden).
2. Stecken Sie die rechten Seiten des Vorderseitenteils und des Seiten-/Bodenteils aneinander. Richten Sie die jeweilige Mitte und die Markierungen der Punkte A und B wie auf dem Schnittmuster aufeinander aus. Schneiden Sie das Seiten-/Bodenteil zwischen den A- und B-Punkten wenn nötig ein, um die Rundung des Vorderseitenteils besser anpassen zu können.

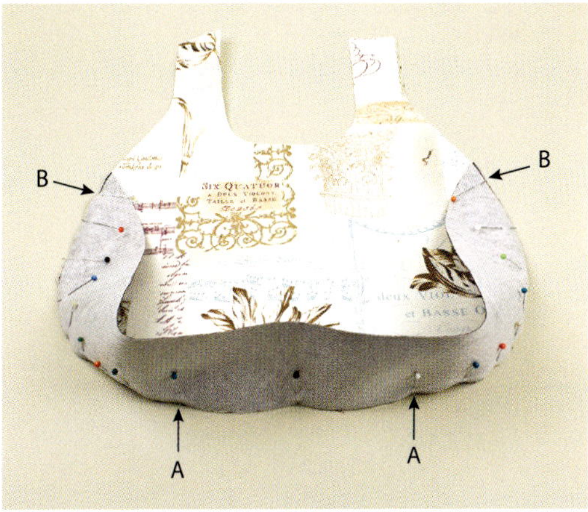

Vorderseite am Seiten-/Bodenteil feststecken.

Zwischen den B-Punkten Vorderseite an das Seite-/Bodenteil nähen.

3. Nähen Sie an der Kante entlang bis Punkt B. Vernähen Sie die Nahtenden.

4. Wiederholen Sie die Schritte 2 und 3, um das Rückseitenteil an der anderen Seite des Seiten-/Bodenteils anzubringen. Stumpfen Sie die Ecken ab und kerben Sie den Saum an den Rundungen ein.

5. Nachdem Sie die Vorder- und Rückseitenteile am Seiten-/Bodenteil angesteppt haben, nähen Sie von Punkt B zu C auf jeder Seite und vernähen Sie die Naht an beiden Enden.

Rückseite am Seiten-/Bodenteil anbringen.

Innentasche anbringen

Nähen Sie die Innentasche (siehe „Innentaschen einnähen“, S. 14) und platzieren Sie die Innentasche mittig auf der rechten Seite eines Futtervorder- oder Rückseitenteils. Die untere Kante der Tasche sollte dabei einen Abstand von 9,5 cm zur unteren Kante des Futters haben. Steppen Sie die Tasche ab – an der einen Seite nach unten, an der Unterkante entlang und an der gegenüberliegenden Seite wieder nach oben. Vernähen Sie die Nahtenden.

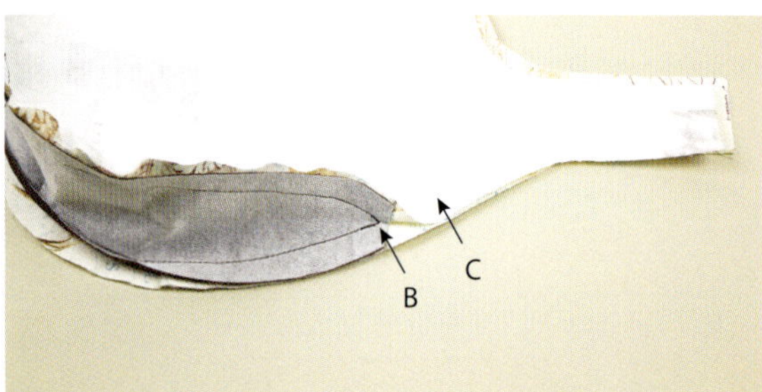

Ecken am Punkt B einschneiden.

Futter nähen

1. Bringen Sie den Magnetverschluss auf den Vorder- und Rückseitenteilen des Futters an, wie im Schnittmuster angegeben (siehe „Magnetverschlüsse anbringen“, S. 13).

2. Wiederholen Sie die Schritte 2-5 von „Oberstoff nähen“, um das Futter fertigzustellen. Lassen Sie etwa 13 cm an der Unterkante unvernäht, um die Tasche später umzustülpen.

Oberstoff und Futter zusammenfügen

1. Nachdem Sie die Nahtzugaben an Oberstoff und Futter aufgebügelt haben, stülpen Sie die Oberstofftasche mit den rechten Seiten nach außen.
2. Legen Sie den Oberstoff in das Futter rechts auf rechts ein.
3. Stecken Sie den Oberstoff und das Futter entlang der Taschenöffnung aneinander fest, auch die Henkelstreifen. Beginnen Sie dazu in der C-Markierung auf der einen Seite und stecken Sie bis zur C-Markierung auf der anderen Seite die Lagen aneinander. Wiederholen Sie den Vorgang für die Rückseite.
4. Steppen Sie von Punkt C zu Punkt C entlang der Taschenöffnung, auch die Henkelschlaufen. Drehen Sie vorsichtig den Stoff beim Steppen der Ecken an den Henkelstreifen und vernähen Sie die Enden der Naht. Nähen Sie die andere Seite der Tasche ebenso.
5. Kürzen Sie die Nahtzugabe an den Ecken aller vier Handgriffverlängerungen.
6. Die Säume werden an den Rundungen wieder eingekerbt und eingeschnitten. Stülpen Sie die Tasche durch die Öffnung im Futter nach außen um. Schieben Sie die Ecken der Henkelschlaufen vorsichtig nach außen (z. B. mit einer Stricknadel). Verschließen Sie die Futteröffnung mit einem Saumstich.
7. Legen Sie das Futter in das Innere der Tasche und bügeln Sie die Taschenöffnung. Vergessen Sie auch die Henkelstreifen nicht.
8. Steppen Sie entlang der Taschenöffnung ab, etwa 3 mm unterhalb der Stoffkante.

Oberstoff in Futter einlegen.

Sowohl auf Vorder- und Rückseite von C nach Punkt C steppen.

Henkelecken abstumpfen.

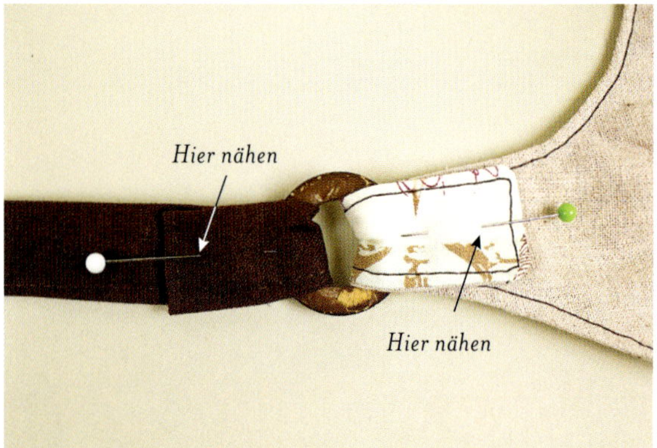

Henkel mit Ringen anbringen.

Mit Vorstich Kreise in der Mitte der Blüten nähen.

Blüten in der Mitte zusammennähen. Perlen in der Mitte anbringen.

Henkel anbringen

1. Schlagen Sie die beiden kurzen Enden eines Henkelteils 1,3 cm ein und bügeln Sie es. Legen Sie die Längsseiten des Henkels links auf links aufeinander und bügeln Sie eine Umbruchkante. Öffnen Sie den Henkel mit der linken Seite nach oben und falten und bügeln Sie die Kanten der beiden Längsseiten jeweils 1,3 cm nach innen. Legen Sie den Henkel an der Bruchkante wieder zusammen und bügeln ihn wieder. Steppen Sie beide Längsseiten mit einer Nahtzugabe von 3 mm ab und wiederholen Sie den Vorgang mit dem anderen Henkel.

2. Um die Henkelringe anzubringen, legen Sie eine der Henkelschlaufen um einen der Ringe und falten Sie die Schlaufe 2,5 cm in Richtung Futter. Stecken Sie die Schlaufe fest und verfahren Sie ebenso mit den drei verbleibenden Ringen.

3. Um die Henkel anzubringen: Führen Sie das eine Ende des Henkels durch einen der Ringe auf der Vorderseite der Tasche. Schlagen Sie das Ende 2,5 cm um und stecken Sie es fest. Fixieren Sie das andere Ende des Henkels am zweiten Ring auf der Taschenvorderseite. Bringen Sie den zweiten Henkel in gleicher Weise an der Rückseite der Tasche an.

4. Steppen Sie die Schlaufen und Henkelenden, nahe der kurzen Enden.

Blüten anfertigen

Zeichen Sie einen Kreis mit 2,5 cm Durchmesser auf jede der beiden Ajour-Blüten; auf die Blüte aus durchgefärbtem Stoff zeichnen Sie einen Kreis mit 5 cm Durchmesser. Nähen Sie die Kreise mit einem Vorstich nach und kräuseln Sie den Stoff, indem Sie am Faden ziehen. Legen Sie die Blüten wie auf dem Bild aufeinander und nähen Sie die Lagen zusammen. Die Perlen werden mit durchsichtigem Faden in der Mitte der Blüten angenäht. Bringen Sie das Bouquet an der gewünschten Stelle der Tasche an.

Urbane Tragetasche

Sie können alles und jedes in dieser formschönen Tasche verstauen! Ein Reißverschluss bewahrt Dinge vor dem Herausfallen und das Einfassband, das zum Abschluss des Futters verwendet wird, gibt der Tasche mehr Festigkeit. Stoffe mit großen Mustern sind eine gute Wahl. Verwenden Sie entweder Dekostoffe oder Baumwollstoffe.

Sie benötigen die Schnittmuster „Urbane Tragetasche Vorderer Blendstreifen", „Urbane Tragetasche Oberstoff Faltenwurf", „Urbane Tragetasche Futter Vorder-/Rückseite, Oberstoff Rückseite" von Seite S-4 des Schnittmusterbogens.

GRÖSSE:
58 cm x 38 cm, zusätzlich verstellbarer Trageriemen, ungefähr 25 cm gefaltet

SCHWIERIGKEITSGRAD: ●●●

WAS SIE BENÖTIGEN:

Der Stoffverbrauch bezieht sich auf eine Stoffbreite von 110 cm.

115 cm Oberstoff für Vorder- und Rückseite

105 cm Futterstoff

25 cm Stoff zum Einfassen des Futters (siehe „Schrägband selbst herstellen", S. 16)

ODER

145 cm Schrägband, doppelt eingeschlagen, 1,3 cm breit

50 cm Allzweck-Reißverschluss

8 cm O-Ring für den Trageriemen (rund, oval oder rechteckig)

10–13 cm Klettband für den Verschluss der Innentasche (optional; siehe „Innentaschen einnähen", S. 14)

ZUSCHNEIDEN

Befolgen Sie die Anweisungen „Schnittmuster übertragen und verwenden" (Seite 9). Schneiden Sie zuerst die rechteckigen und quadratischen Stoffteile zu und erstellen Sie dann erst die Stoffteile aus den Schnittmustervorlagen. Übertragen Sie alle Markierungen und Verweise auf den Stoff.

Oberstoff

Schneiden Sie 2 Teile in 51 cm x 5 cm für die Reißverschlussseiten zu. Der Trageriemen benötigt einen Stoffzuschnitt von 15 cm x 89 cm. Für die Schlinge brauchen Sie ein Quadrat von 15 cm Seitenlänge.Schneiden Sie für die Rückseite ein Stoffteil von der Größe 61 cm x 41 cm zu. Halten Sie sich an Schema: Vorder-/Rückseite, um die Markierungen anzuzeichnen. Runden Sie mithilfe des Schnittmusters „Urbane Tragetasche Futter Vorder-/Rückseite, Oberstoff Rückseite" die Ecken ab. Außerdem benötigen Sie 1 Schnittteil für den Blendstreifen und ein Schnittteil für den vorderen Faltenwurf.

Futter

Schneiden Sie für die Vorder- und Rückseite jeweils ein Stoffteil von der Größe 61 cm x 41 cm zu. Halten Sie sich an Schema: Vorder-/Rückseite, um die Markierungen anzuzeichnen, und runden Sie mithilfe des Schnittmusters die Ecken ab. Für die Reißverschlussseitenteile benötigen Sie 2 Stoffteile in den Maßen 51 cm x 5 cm. Die Innentasche wird aus einem Quadrat mit der Seitenlänge 18 cm angefertigt.

Futtereinfassung

Fertigen Sie 145 cm Schrägband anhand der Anleitung „Schrägband selbst herstellen", S. 16, an oder kaufen Sie die entsprechende Menge fertiges Schrägband.

Schneiden Sie das Schrägband in ein 122 cm langes Stück und zwei 11,5 cm lange Stücke.

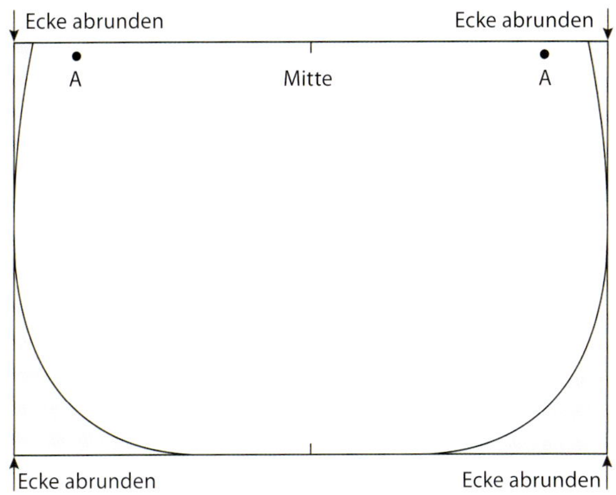

Schema: Vorder-/Rückseite

Innentasche anbringen

Fertigen Sie die Innentasche an (siehe „Innentaschen einnähen", S. 14) und setzen Sie diese mittig auf der rechten Seite eines Vorder- oder Rückseitenteils des Futters auf. Die untere Kante der Tasche sollte einen Abstand von 14 cm zur unteren Kante des Futters haben. Steppen Sie die Tasche ab – an der einen Seite nach unten, an der Unterkante entlang und an der gegenüberliegenden Seite wieder nach oben. Vernähen Sie die Naht an ihren Enden.

Oberstoff und Futter nähen

1. Legen Sie das Vorderseitenteil aus Oberstoff in Falten (siehe „Abnäher und Falten nähen", S. 16). Achten Sie darauf, dass die Falten auf beiden Seiten von der Mitte weg liegen.

2. Stecken Sie den Faltenwurf und den vorderen Blendstreifen rechts auf rechts an den Mittelmarkierungen aneinander. Steppen Sie die Teile zusammen und vernähen Sie die Naht an beiden Enden. Kerben Sie den Saum der Vorderseite an den Rundungen ein.

3. Bügeln Sie die Nahtzugabe in Richtung Blendstreifen. Steppen Sie den Blendstreifen 3 mm unterhalb der Kante ab.

4. Richten Sie ein Reißverschlussseitenteil mit den A-Markierungen am Blendstreifen aus und stecken Sie es fest. Das Seitenteil wird an jeder Seite etwa 1,3 cm über die A-Punkte hinausragen. Steppen Sie das Seitenteil zwischen den beiden A-Punkten am Blendstreifen an und vernähen Sie die Nahtenden.

5. Steppen Sie das Reißverschlussseitenteil zwischen den A-Markierungen ab, 3 mm unterhalb der Kante, und vernähen Sie die Enden der Naht. Lassen Sie den Überschuss von 1,5 cm an beiden Enden stehen.

Zusammengesetzte Vorderseite.

6. Wiederholen Sie die Schritte 4 und 5, um das zweite Reißverschlussseitenteil in gleicher Weise am Oberstoffrückteil anzubringen.

7. Wiederholen Sie die Schritte 4 und 5, um die Reißverschlussseitenteile aus Futterstoff in gleicher Weise an der Vorder- und Rückseite des Futters anzubringen.

Reißverschluss einnähen

1. Schließen Sie den Reißverschluss entsprechend dem Bild auf der rechten Seite und setzen Sie ihn rechts auf rechts auf das Reißverschlussseitenteil der Oberstoffvorderseite. Ziehen Sie den Schieber des Reißverschlusses auf, bis er etwa 1,6 cm von Punkt A entfernt ist, und richten Sie dann den Reißverschluss an der unversäumten Kante des Seitenteils aus. Kürzen Sie den Reißverschluss an der gegenüberliegenden Seite, aber lassen Sie unterhalb des Reißverschlussendes mindestens 5 mm Abstand. Wenn Sie den Reißverschluss stärker kürzen müssen, halten Sie sich an die Anleitung „Reißverschlüsse kürzen" (S. 12).
2. Stecken Sie den Reißverschluss am Seitenteil fest.
3. Nähen Sie den Reißverschluss mithilfe eines Reißverschlussfußes 3 mm unterhalb der Kante an. Vernähen Sie die Naht an beiden Enden.
4. Legen Sie die unversäumte Kante des Reißverschlussseitenteils der Futtervorderseite rechts auf rechts am Reißverschluss an. Der Reißverschluss befindet sich nun zwischen Futter und Oberstoff.
5. Steppen Sie die drei Lagen mithilfe eines Reißverschlussfußes nah an den Zähnchen zusammen und vernähen Sie die Naht.
6. Schlagen Sie das Futter nach hinten um und bügeln Sie die Vorderseite. Steppen Sie auf der Oberstoffseite das Reißverschlussseitenteil nah an den Zähnchen ab.
7. Bringen Sie die Rückseitenteile aus Oberstoff und Futter in gleicher Weise an.

Reißverschluss am Reißverschlussseitenteil aus Oberstoff feststecken.

Futtervorderseitenteil am Blendstreifen feststecken, Reißverschluss dazwischen.

Vordere Reißverschlussseiten aus Oberstoff und Futter aneinandersteppen, wenden und bügeln.

Hintere Reißverschlussseiten aus Oberstoff und Futter aneinandersteppen, wenden und bügeln.

Trageriemen und Schlaufe nähen.

Eingenähter O-Ring.

Riemen und Schlaufe anbringen

1. Schlagen Sie an den kurzen Enden des Riemens je 1,3 cm ein und bügeln Sie die Kanten.

2. Falten Sie den Trageriemen an den Längsseiten zusammen, sodass die linken Seiten aufeinanderliegen, und bügeln Sie eine Bruchkante. Öffnen Sie den Riemen mit der linken Seite nach oben und schlagen Sie die Kanten der Längsseiten 1,3 cm ein. Bügeln Sie die Kanten glatt, legen Sie den Riemen wieder an der Bruchkante zusammen und bügeln wieder den gesamten Stoff. Steppen Sie entlang beider Längsseiten mit 3 mm Nahtzugabe. Legen Sie den Riemen beiseite.

3. Wiederholen Sie Schritt 2, um die Schlaufe herzustellen.

4. Führen Sie ein Ende der Schlaufe durch den O-Ring und falten Sie die Schlaufe mittig zusammen.

5. Heften Sie die unvernähten Enden der Schlaufe 5 mm von der Kante entfernt zusammen, damit der Ring nicht herausfällt.

Oberstoff und Futter zusammenfügen

1. Heften Sie die Vorderseiten von Oberstoff und Futter entlang der Außenkanten zusammen, 1,3 cm unterhalb der Kante. Kürzen Sie die Nahtzugabe auf 1 cm und behandeln Sie die beiden Lagen wie ein Stoffteil. Verfahren Sie ebenso beim Rückseitenteil. Öffnen Sie den Reißverschluss, damit Sie die Tasche später umstülpen können. Stecken Sie die Vorder- und Rückseiten durch alle 4 Lagen rechts auf rechts (Oberstoff) aneinander. Falls gewünscht, können Sie an den Außenkanten heften, um alle Teile an Ort und Stelle zu halten.

2. Falten Sie das lange Stück Einfassband komplett auseinander. Beginnend an der äußeren Ecke auf einer Seite der Tasche, stecken Sie nun die Längskante des Schrägbandes an der äußeren Kante der Tasche rechts auf rechts fest, bis zur äußeren Ecke auf der anderen Seite. Kürzen Sie falls nötig das Einfassband, damit es mit den äußeren Ecken abschließt.

3. Steppen Sie entlang der Einschlagkante, die sich unterhalb der Außenkante befindet. Schlagen Sie das Einfassband über die Taschenkante nach hinten und stecken Sie es fest.

4. Steppen Sie das Einfassband 3 mm von der inneren Kante entfernt durch alle Lagen ab.

5. Während die Tasche noch nicht umgestülpt und der Reißverschluss geöffnet ist, platzieren Sie die Schlaufe für den Trageriemen rechts auf rechts an einer der äußeren Ecken (schlagen Sie dazu das Futter zur Seite) und stecken Sie ihn fest. Schlagen Sie die Reißverschlussseitenteile wieder zusammen, sodass der Ring verdeckt ist und die Reißverschlusszähnchen sich in der Mitte treffen.

6. Steppen Sie quer zur Seitennaht und nähen Sie mehrmals vor und zurück, um die Naht zu verstärken. Kürzen Sie die Nahtzugabe auf 1 cm.

Vorder- und Rückseiten durch alle Lagen feststecken, rechte Seiten aufeinander.

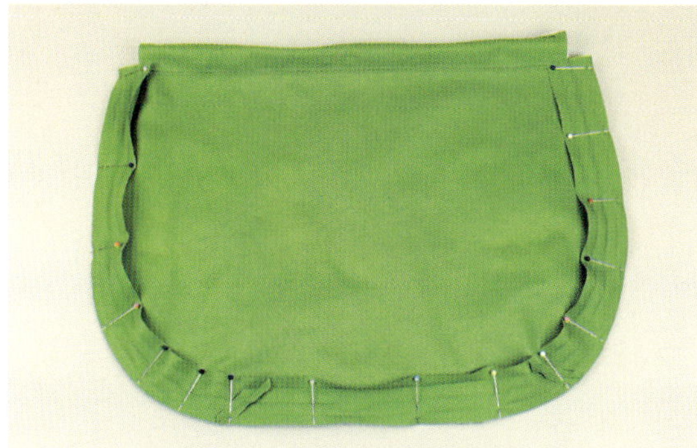

Einfassband an der Außenkante entlang feststecken.

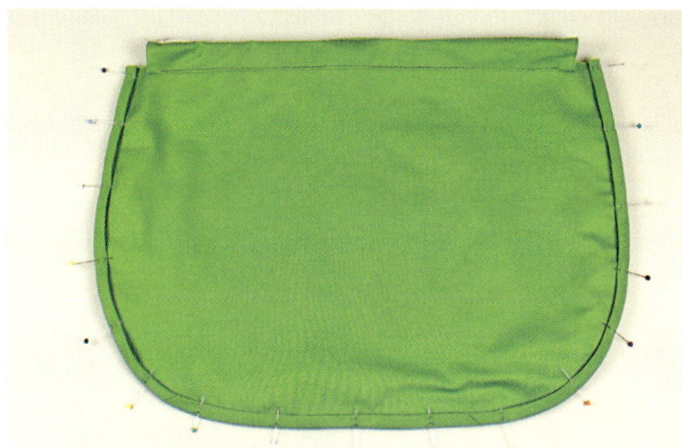

Mit dem Schrägband Außenkante einfassen und anstecken.

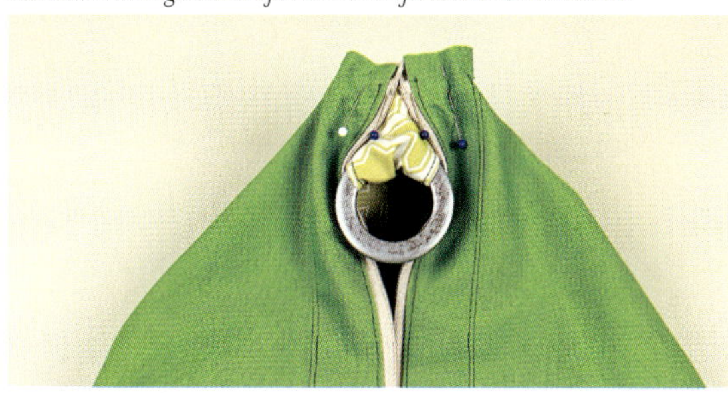

Riemenschlaufe einlegen und fixieren.

Einfassband am gekürzten Saum ansteppen.

Einfassband umschlagen, um den Saum einzufassen, und feststecken.

7. Klappen Sie die Seiten des kurzen Schrägbandes auf. Platzieren Sie es mittig auf dem gekürzten Saum der Ecke und stecken Sie die unversäumten Kanten mit den rechten Seiten aneinander fest. Steppen Sie entlang der Einschlagkante, die sich unterhalb des gekürzten Saums befindet, und vernähen Sie beide Enden.
8. Schlagen Sie die Enden des Schrägbandes ein, sodass Sie bündig mit dem Saum abschließen. Falten Sie das Band dann nach hinten, um die unvernähte Kante einzuhüllen, und stecken Sie alles fest.
9. Steppen Sie das Einfassband 3mm von der inneren Bruchkante durch alle Lagen ab.
10. Bringen Sie ein Ende des Trageriemens in der anderen Ecke der Tasche in gleicher Weise an. Stülpen Sie die Tasche um.

Riemen und Ring verbinden und mit Stecknadeln fixieren.

Tasche fertigstellen

Führen Sie das lose Ende des Trageriemens soweit durch den Ring, bis er die von Ihnen gewünschte Länge erreicht hat. Stecken Sie das Ende fest und steppen Sie es 3 mm von der Kante ab.

Süße Umhängetasche

Diese Tasche hat die perfekte Größe, um Handy und Geldbörse darin mitzunehmen, und da sie auch quer getragen werden kann (der Schulterriemen verläuft von der Schulter zur gegenüberliegenden Hüfte), ist sie für aktive Tage geeignet, die viel Bewegung erfordern.

Sie benötigen die Schnittmuster „Süße Umhängetasche Vorder-/Rückseite" und „Süße Umhängetasche Lasche" von Seite S-4 des Schnittmusterbogens.

GRÖSSE:
28 cm x 18 cm, zusätzlich Trageriemen 48 cm

SCHWIERIGKEITSGRAD: ●●

WAS SIE BENÖTIGEN:

Der Stoffverbrauch bezieht sich auf eine Stoffbreite von 110 cm.

- 46 cm Oberstoff
- 34 cm Futterstoff
- 23 cm Stoff für die Blume (optional)
- 29 cm x 90 cm schwere Bügeleinlage
- 18 mm Magnetverschluss
- 4 cm O-Ring für den Trageriemen (rund, oval oder rechteckig)
- 4–5 cm breite Perle oder Knopf
- 2–2,5 cm breiter Knopf für die Blüten (optional)

ZUSCHNEIDEN

Befolgen Sie die Anweisungen „Schnittmuster übertragen und verwenden" (Seite 9). Übertragen Sie alle Markierungen und Verweise auf den Stoff.

Oberstoff

Schneiden Sie je 1 Vorder- und Rückseitenteil zu. Ein Schnittteil benötigen Sie für die Lasche. Die Trageriemen bestehen aus einem Stoffstreifen der Größe 5 cm x 36 cm.

Als Ringschlaufe schneiden Sie einen Streifen Stoff auf 5 cm x 9 cm zu.

Futter

Schneiden Sie 2 Schnittteile für die Vorder- und Rückseite zu. Außerdem 1 Schnittteil für die Lasche.

Einlage

Aus dem Einlagenstoff schneiden Sie sowohl 2 Schnittteile für die Vorder- und Rückseite als auch 1 Teil für die Lasche.

Blüten

Sie benötigen 4 Kreise mit unterschiedlichen Durchmessern:

15 cm

13 cm

11,5 cm

10 cm

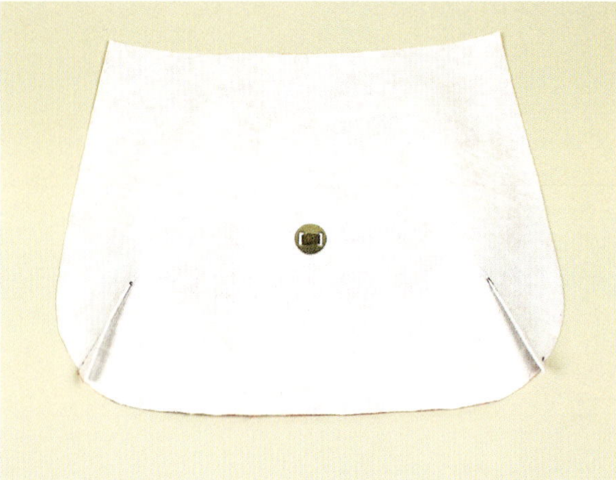

Abnäher auf Vorder- und Rückseite nähen und glattbügeln.

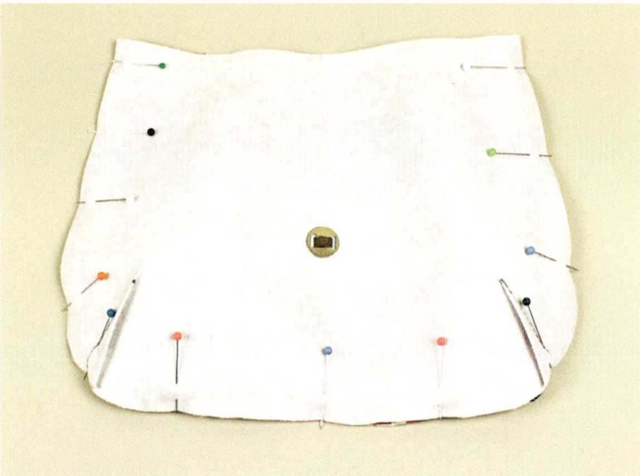

Vorder- und Rückseite aneinanderstecken.

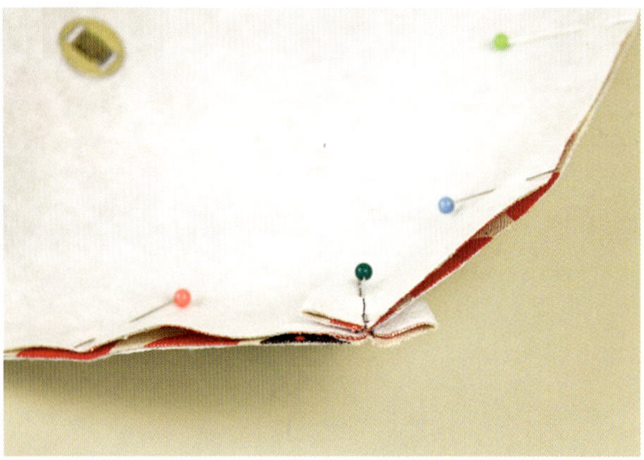

Abnäher in entgegengesetzte Richtungen bügeln.

Oberstoff und Futter nähen

1. Bügeln Sie die Einlage auf die linke Stoffseite von Oberstoffvorderseite, -rückseite, und -lasche.

2. Bringen Sie den Magnetverschluss an den Laschenteilen von Oberstoff und Futter an, wie es im Schnittmuster vorgegeben ist (siehe „Magnetverschlüsse anbringen", S. 13).

3. Nähen Sie die Abnäher auf den Vorder- und Rückseiten des Oberstoffs (siehe „Abnäher und Falten nähen", S. 16). Bügeln Sie die Abnäher auf der Vorderseite Richtung Mitte und die Abnäher auf der Rückseite nach außen.

Anmerkung

Damit Abnäher an Leder- oder Verloursteilen flach aufliegen, kerben Sie diese jeweils nah an der Falte bis knapp unter dem Endpunkt ein. Falten Sie die beiden Seiten des Abnähers mit den Fingern auf und steppen Sie dann von der rechten Seite entlang der Abnäherkanten ab, mit einer Nahtzugabe von 3 mm.

4. Stecken Sie die Vorder- und Rückseitenteile rechts auf rechts entlang der Seiten und der Unterkante aneinander. Die Abnäher auf der Vorder- und Rückseite sind in unterschiedliche Richtungen gebügelt, damit sie flach aufliegen.

5. Nähen Sie entlang der Seiten und der Unterkante, vernähen Sie die Naht an beiden Enden. Kerben Sie den Saum an den Rundungen ein.

6. Wiederholen Sie die Schritte 3–5 mit den Futterteilen, lassen Sie aber an der Unterkante 10 cm unvernäht, um die Tasche später umstülpen zu können.

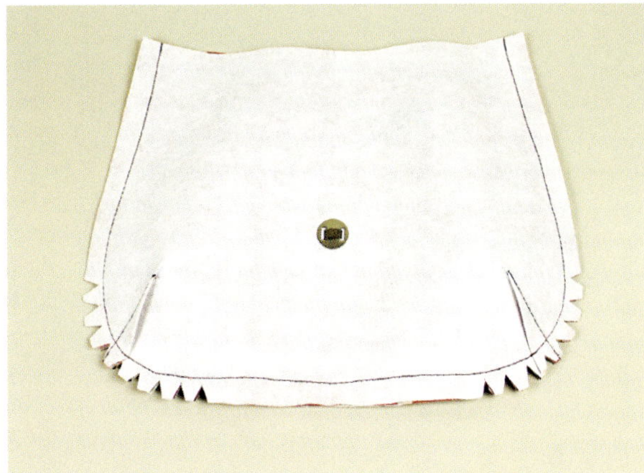

Steppen und Saum an den Rundungen einkerben.

Futter nähen und an der Unterkante 10 cm freilassen.

Trageriemen und Ringschlaufe anfertigen

1. Schlagen Sie an der kurzen Seite des Riemenstreifens 1,3 cm ein und bügeln Sie die Falz.

2. Legen Sie den Streifen an der Längsseite Kante an Kante zusammen und bügeln Sie eine Bruchkante. Öffnen Sie den Riemen mit der linken Seite nach oben. Falten Sie die äußeren Kanten jeweils 1,3 cm nach innen und bügeln Sie diese. Legen Sie den Riemen an der Bruchkante zusammen und bügeln ihn wieder. Steppen Sie die eingeschlagenen Kanten 3 mm entlang des Saums ab.

3. Wiederholen Sie Schritt 2, um die Ringschlaufe anzufertigen. Führen Sie ein Ende des kurzen Stoffstreifens durch den O-Ring und falten Sie ihn in der Mitte zusammen. Stecken Sie die Enden der Schlaufe aneinander, damit der Rind nicht herausfallen kann.

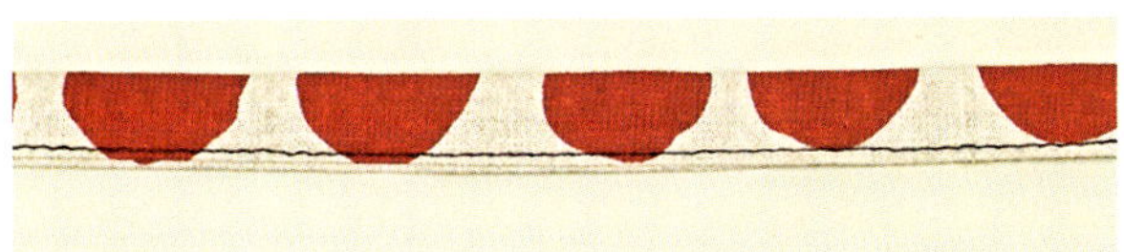

3 mm unterhalb der eingeschlagenen Kanten absteppen.

Ringschlaufe anfertigen.

Lasche absteppen.

Lasche nähen

1. Stecken Sie die Laschenteile aus Oberstoff und Futter mit den rechten Seiten aneinander. Steppen Sie nur entlang des gerundeten Saums, die gerade Kante bleibt unvernäht. Kerben Sie den Saum an den Rundungen ein und kürzen Sie die Nahtzugabe auf 3 mm.

2. Stülpen Sie die rechten Seiten der Lasche nach außen. Bügeln Sie die Lasche und steppen Sie 3 mm unterhalb des Saums ab.

Ringschlaufen anstecken und festheften.

Trageriemen feststecken und heften.

Oberstoff und Futter zusammenfügen

1. Bügeln Sie die Nahtzugaben von Oberstoff und Futter auf. Wenden Sie den Oberstoff mit den rechten Seiten nach außen.

2. Platzieren Sie rechts auf rechts das Ende der Ringschlaufe mittig auf der Seitennaht des Oberstoffs. Stecken Sie die Lagen zusammen und heften Sie diese fest.

3. Das Ende des Trageriemens wird in gleicher Weise am anderen Taschenende angebracht. Stecken Sie das Ende mittig an der Seitennaht fest, sodass die rechten Stoffseiten aufeinander liegen, und heften Sie die Teile fest.

4. Richten Sie die Lasche mittig mit der unversäumten Kante an der Tasche aus, sodass die Oberstoffseiten aufeinanderliegen. Stecken Sie die Lasche fest und heften Sie die Teile.

5. Legen Sie den Oberstoff rechts auf rechts in das Futter ein. Die Lasche, der Riemen und die Ringschlaufe sollten alle zwischen Oberstoff und Futter liegen.

6. Stecken Sie Oberstoff und Futter um die Öffnung der Tasche herum zusammen.

Lasche anstecken und festheften.

Oberstoff in Futter einlegen.

Um die Taschenöffnung herum feststecken.

Futteröffnung mit Saumstich schließen.

Riemen befestigen.

1,3 cm lange und 5 mm breite Abnäher von der Mitte aus nähen.

Blüten aufeinanderlegen und zusammennähen.

7. Steppen Sie entlang der Taschenöffnung und achten Sie darauf, nicht aus Versehen den Riemen anzunähen. Stumpfen Sie die Ecken an der Oberseite der Naht ab und kerben Sie den Saum an den Rundungen ein. Stülpen Sie die Tasche durch die Futteröffnung um und verschließen Sie die Öffnung mit einem Saumstich.

8. Legen Sie das Futter in die Tasche ein. Bügeln Sie die Öffnung und steppen Sie 3 mm unterhalb der Kante ab. Nähen Sie den Knopf oder die Perle an der gewünschten Stelle an.

Trageriemen anbringen

Führen Sie von rechts das eingeschlagenen kurze Ende des Trageriemen durch den O-Ring. Schlagen Sie das Ende 2,5 cm ein, um eine Schlaufe zu bilden. Steppen Sie das Ende des Riemens fest und nähen Sie mehrmals vor und zurück, um die Schlaufe zu verstärken.

Blüten anfertigen

1. Falten Sie eine Blüte in der Mitte zusammen, sodass die rechte Seiten aufeinander liegen. Nähen Sie dann von der Mitte des Kreises einen Abnäher mit 5 mm Breite und ungefähr 1,3 cm Länge in Richtung der äußeren Kante des Kreises. Wiederholen Sie den Schritt mit den übrigen Kreisen.

2. Öffnen Sie die Blüten mit der rechten Seite nach oben. Legen Sie die Blumen aneinander, indem Sie die Abnäher aneinander ausrichten. Die größte Blüte liegt dabei zuunterst. Nähen Sie die Blüten durch alle 4 Lagen aneinander.

3. Nähen Sie den Knopf auf die Mitte der Blüten.

4. Bringen Sie die Blüten auf der Mitte der Tasche an.

PASSION

Blumentasche

Das Blütenbouquet und die Falten geben dieser Tasche ein stylisches Aussehen. Sie passt sowohl zu Alltagskleidung als auch zu formelleren Kleidern. Kleine Drucke passen wunderbar zu dieser Tasche. Versuchen Sie, verschiedene Stoffe und Farben bei der Herstellung des Bouquets zu mischen: Ajour, Seide (Dupion), Spitze oder Wolle. Die große Variante dieser Tasche hat aufgrund der unterschiedlichen Größe kürzere Henkel als die kleine Version. Verwenden Sie entweder Dekostoff oder Baumwollstoff.

Sie benötigen die Vorlagen „Blumentasche Bodenrundung" und „Blumentasche Blüte" von Seite S-1 des Schnittmusterbogens.

GRÖSSE:
51 cm x 46 cm, zusätzlich Henkel 32 cm (große Variante), oder 41 cm x 36 cm, zusätzlich Henkel 34 cm (kleine Variante)

SCHWIERIGKEITSGRAD:

WAS SIE BENÖTIGEN:
Der Stoffverbrauch bezieht sich auf eine Stoffbreite von 110 cm.

Große Variante

- 137 cm Oberstoff
- 103 cm Futterstoff
- 46 cm Stoff für die Blüten
- 95 cm x 90 cm leichte Bügeleinlage

Kleine Variante

- 92 cm Oberstoff
- 80 cm Futterstoff
- 46 cm Stoff für die Blüten
- 70 cm x 90 cm leichte Bügeleinlage

Beide Varianten

- 18 mm Magnetverschluss
- 2 m Lederschnur für das Bouquet
- 1 Broschennadel für das Bouquet
- viel Kleber

ZUSCHNEIDEN

Befolgen Sie die Anweisungen „Schnittmuster übertragen und verwenden" (Seite 9). Übertragen Sie alle Markierungen und Verweise auf den Stoff.

Große Variante

Oberstoff

Für die Vorder- und Rückseite messen Sie auf dem Oberstoff zwei Rechtecke von 76,5 cm x 38 cm ab und schneiden die Teile zu. Markieren Sie die Schnittteile anhand Schema 1: Vorder- und Rückseite. Legen Sie die Rundungsvorlage „Blumentasche – Bodenrundung" an und schneiden Sie die Ecken zu. Für die Blendstreifen benötigen Sie zwei Schnittteile in den Maßen 53,5 cm x 12,5 cm. Übertragen Sie die Markierungen aus Schema 2: Blendstreifen. Die Henkel werden aus zwei Stoffstreifen der Maße 16,5 cm x 65 cm angefertigt.

Einlage

Schneiden Sie aus der Einlage ebenfalls die Vorder- und Rückseite (2 mal 76,5 cm x 38 cm) sowie die 2 Blendstreifen (2 mal 53,5 cm x 12,5 cm) zu. Markieren Sie die Teile wieder anhand von Schema 1 und Schema 2 und runden Sie die Ecken ab.

Futter

Für das Futter benötigen Sie die gleichen Teile wie für den Oberstoff: 2 Schnittteile 76,25 cm x 38 cm für Vorder- und Rückseite sowie 2 Teile 53,5 cm x 12,5 cm für die Blendstreifen. Die Henkel werden nicht gefüttert und verstärkt, daher benötigen Sie keine weiteren Schnittteile dafür. Übertragen Sie wieder die Markierungen aus Schema 1 und Schema 2 und runden Sie die Ecken mithilfe der Vorlage ab.

Blüten (optional)

Schneiden Sie anhand des Schnittmusters 13 Blüten zu.

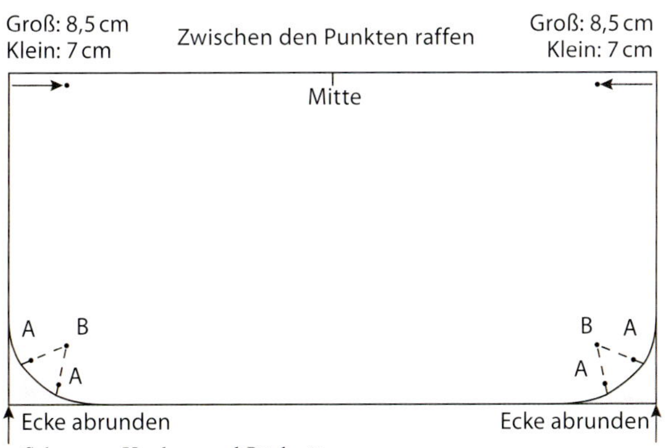

Schema 1: Vorder- und Rückseite

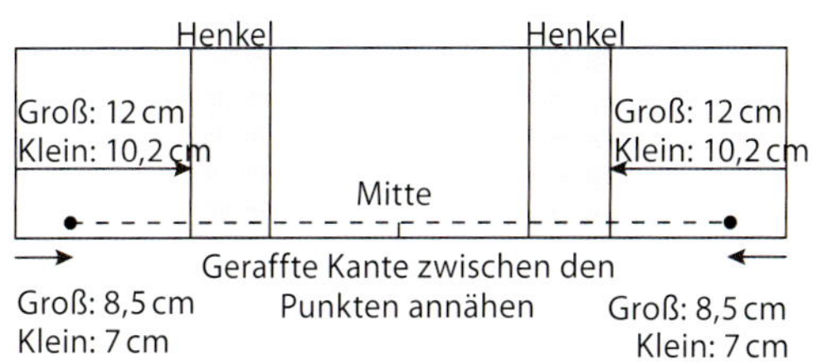

Schema 2: Blendstreifen

Kleine Variante

Oberstoff

Für die Vorder- und Rückseite messen Sie auf dem Oberstoff zwei Rechtecke von 59,5 cm x 30,5 cm ab und schneiden die Teile zu. Markieren Sie die Schnittteile anhand Schema 1: Vorder- und Rückseite. Legen Sie die Rundungsvorlage „Blumentasche – Bodenrundung" an und schneiden Sie die Ecken zu. Für die Blendstreifen benötigen Sie zwei Schnittteile in den Maßen 43,5 cm x 10,5 cm. Übertragen Sie die Markierungen aus Schema 2: Blendstreifen.

Die Henkel werden aus zwei Stoffstreifen der Maße 11,5 cm x 70 cm angefertigt.

Futter

Für das Futter benötigen Sie die gleichen Teile wie für den Oberstoff: 2 Schnittteile 59,5 cm x 30,5 cm für Vorder- und Rückseite sowie 2 Teile 43,5 cm x 10,5 cm für die Blendstreifen. Die Henkel werden nicht gefüttert und verstärkt, daher benötigen Sie keine weiteren Schnittteile dafür. Übertragen Sie wieder die Markierungen aus Schema 1 und Schema 2 und runden Sie die Ecken mithilfe der Vorlage ab.

Einlage

Schneiden Sie aus der Einlage ebenfalls die Vorder- und Rückseite (2 mal 59,5 cm x 30,5 cm) sowie die 2 Blendstreifen (2 mal 43,5 cm x 10,5 cm) zu. Markieren Sie die Teile wieder anhand von Schema 1 und Schema 2 und runden Sie die Ecken ab.

Blüten (optional)

Schneiden Sie anhand des Schnittmusters 13 Blüten zu.

tipp

Sie können die Anzahl der Blüten je nach der Dicke Ihres Stoffes abändern. Wenn der Stoff dicht und schwer ist, wie etwa Leinen oder Wolle, brauchen Sie weniger als 12 Blüten. Verwenden Sie hingegen leichte Stoffe wie Ajour oder Spitze, erreichen Sie mit etwa 18–22 Blüten ein elegantes Aussehen.

Henkel anfertigen

1. Legen Sie eines der Henkelteile längs zusammen, sodass die linken Seiten aufeinander liegen, und bügeln Sie eine Bruchkante. Öffnen Sie den Henkel mit der linken Seite nach oben und schlagen Sie an den Längsseiten jeweils 1,3 cm ein. Bügeln Sie die eingeschlagenen Kanten fest, falten Sie den Henkel wieder zusammen und bügeln Sie erneut. Steppen Sie den Henkel an beiden Seiten mit einer Nahtzugabe von 3 mm ab.
2. Bügeln Sie die Einlage auf die linke Oberstoffseite eines der Blendstreifen und auf die Vorder- und Rückseitenteile.
3. Legen Sie den Henkel rechts auf rechts auf die Markierung des Blendstreifens und richten Sie die Henkelenden an der unteren Kante des Blendstreifens aus. Heften Sie den Henkel an.
4. Wiederholen Sie den Vorgang mit dem verbleibenden Henkel und dem zweiten Blendstreifen.

Henkel am Blendstreifen anheften.

Anmerkung

Viele der Taschen in diesem Buch setzen die Henkel oder Trageriemen eher an der oberen Kante der Tasche an als an der unteren Naht des Blendstreifens. Wenn Sie die Henkel lieber an der oberen Kante anbringen möchten, können Sie die Stoffstreifen direkt nach Schritt 1 von „Oberstoff und Futter zusammenfügen" an Ort und Stelle heften. Sie können die Henkel auch nach Fertigstellung der Tasche von Hand an den Blendstreifen annähen oder auch die vernähten Henkelenden mit kleinen Knöpfen anbringen.

Oberstoff nähen

1. Nähen Sie die Abnäher auf den Vorder- und Rückseitenteilen (siehe „Abnäher und Falten nähen", S. 16). Bügeln Sie die Abnäher auf dem Vorderseitenteil in Richtung Mitte und die auf dem Rückseitenteil nach außen.

2. Um die Vorder- und Rückseite an der Oberkante zu raffen, verlängern Sie die Stichlänge Ihrer Nähmaschine und steppen Sie zwischen den markierten Punkten zwei Nähte. Nähen Sie die erste Reihe innerhalb des 1,3 cm-Bereichs und eine zweite Reihe 3 mm davon entfernt innerhalb der Nahtzugabe. Vernähen Sie die Enden nicht und lassen Sie lange Fadenenden überstehen, mit denen Sie raffen können.

3. Stecken Sie den Blendstreifen und das Vorderseitenteil mit den rechten Seiten aneinander, die Unterkante des Blendstreifens liegt dabei auf der Oberkante des Vorderseitenteils. Beginnen Sie mit den Außenkanten, stecken Sie bis zu den Punkten und positionieren Sie dann die Markierungen der Mitte aufeinander. Vor dem Raffen stecken Sie je eine Nadel in die markierten Punkte. Ziehen Sie dann an den losen Fadenenden und raffen Sie den Stoff so lange, bis Blendstreifen und Vorderseitenteil die gleiche Breite haben. Wickeln Sie dann die Fadenenden in Achtern um die Stecknadeln an den Punkten. Fixieren Sie dann den gerafften Stoff am Blendstreifen.

4. Steppen Sie Vorderseite und Blendstreifen aneinander und vernähen Sie die Enden. Entfernen Sie dann die Rafffäden.

Abnäher auf Vorder- und Rückseite nähen und glattbügeln.

Blendstreifen und Vorderseiten aneinanderstecken.

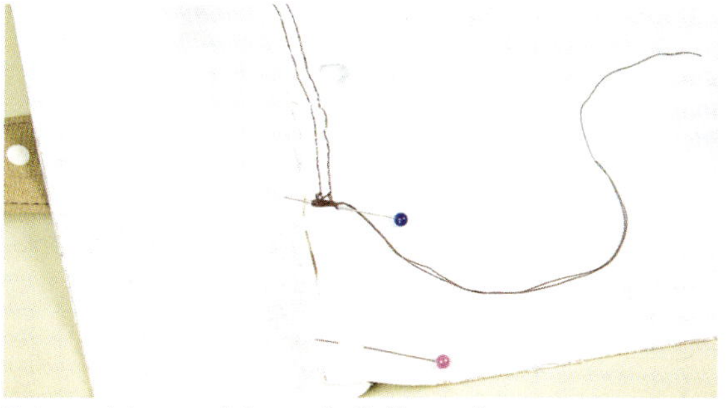

Fäden in Achtern wickeln, um die Raffung zu fixieren.

Blendstreifen an Vorderseite festnähen.

Blendstreifen bügeln und absteppen.

Vorder- und Rückseite aneinanderstecken.

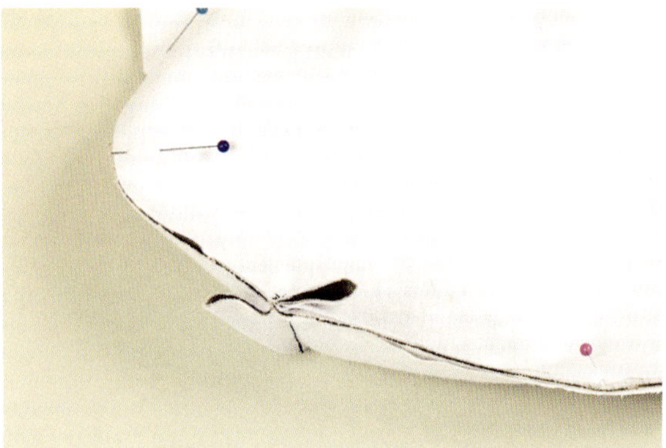

Abnäher in unterschiedliche Richtungen bügeln.

5. Bügeln Sie den Saum und den Henkel in Richtung Blendstreifen. Steppen Sie dann den Blendstreifen 3 mm von der Kante ab, auch über den Henkel.

6. Wiederholen Sie die Schritte 3–5 mit der Rückseite und dem verbleibenden Blendstreifen.

7. Stecken Sie die zusammengefügten Vorder- und Rückseitenteile mit den rechten Seiten aufeinander. Die Abnäher sind in unterschiedliche Richtungen gebügelt, sodass sie flach aufliegen.

8. Steppen Sie entlang der Seiten und der Unterkante und vernähen Sie die Nahtenden. Kerben Sie den Saum an den Rundungen ein.

Futter nähen

1. Bringen Sie den Magnetverschluss auf den beiden Futterblendstreifen an den Markierungen an (siehe „ Magnetverschlüsse anbringen“, S. 13).

2. Wiederholen Sie die Schritte 1–8 von „Oberstoff nähen“ und lassen Sie an der Unterkante des Futters 13 cm unvernäht, um die Tasche später umzustülpen.

Oberstoff und Futter zusammenfügen

1. Bügeln Sie die Nahtzugaben von Oberstoff und Futter auf. Wenden Sie den Oberstoff mit den rechten Seiten nach außen.
2. Legen Sie den Oberstoff rechts auf rechts in das Futter ein. Die Henkel liegen dabei zwischen Oberstoff und Futter.
3. Stecken Sie Oberstoff und Futter entlang der Taschenöffnung aneinander fest.
4. Steppen Sie entlang der Taschenöffnung. Stumpfen Sie Ecken an den Oberkanten des Saums ab. Stülpen Sie die Tasche durch die Öffnung im Futter um und verschließen Sie diese danach mit einem Saumstich.
5. Schlagen Sie das Futter in die Tasche ein und bügeln Sie die Taschenöffnung. Klappen Sie die Henkel nach unten und steppen Sie entlang der Taschenöffnung mit einem Abstand von 3 mm ab.

Oberstoff in Futter einlegen.

Entlang der Taschenöffnung feststecken.

Futteröffnung mit Saumstich schließen.

12 Blüten in Achter falten.

Blütenspitzen in der Mitte der untersten Lage annähen.

Schnüre annähen und Broschennadel ankleben.

Blütenbouquet anfertigen

1. Falten Sie 12 Blüten wie im nebenstehenden Bild.
2. Die 13. Blüte bildet mit der rechten Seite nach oben die unterste Lage. Arrangieren Sie die 12 gefalteten Blüten auf der untersten Lage, sodass die Spitzen in der Mitte aneinander liegen. Nähen Sie die Spitzen jeder Blüte an. Bügeln Sie die Blüten nicht, sonst wird Ihr Bouquet zu flach.
3. Schneiden Sie das Lederband in 4 Teile, jedes 50 cm lang. Falten Sie die Schnüre in der Mitte zusammen und nähen Sie die Falz der Schnüre an der Rückseite des Bouquets an.
4. Bringen Sie mit der Heißklebepistole die Broschennadel auf der Rückseite über den Schnüren an.
5. Bringen Sie das Bouquet an der Tasche an.

Einfache Tasche

Kennen Sie diese Tage, wenn Sie unbedingt nähen möchten, aber eigentlich keine Zeit dafür haben? Dann ist das die richtige Tasche für Sie – es gibt nur ein Schnittmusterteil. Das ist das perfekte Projekt für faule Sonntagnachmittage! Sie können entweder Baumwollstoff oder Dekostoff verwenden.

Sie benötigen die Vorlagen „Einfache Tasche Vorder-/Rückseite Teil 1" und „Einfache Tasche Vorder-/Rückseite Teil 2" von Seite S-3 des Schnittmusterbogens. Fügen Sie diese wie auf dem Bogen angegeben zusammen, um eine einzelne Schnittmustervorlage zu erhalten.

GRÖSSE:
ungefähr 35,5 cm, x 35,5 cm, zusätzlich Henkel 25 cm (geknotet)

SCHWIERIGKEITSGRAD:

WAS SIE BENÖTIGEN:

Der Stoffverbrauch bezieht sich auf eine Stoffbreite von 110 cm.

- 92 cm Oberstoff
- 92 cm Futterstoff
- 80 cm x 90 cm leichte Bügeleinlage (optional)
- 18 mm Magnetverschluss
- 10–12 cm Klettband für den Verschluss der Innentasche (optional; siehe „Innentaschen anbringen", S. 14)

ZUSCHNEIDEN

Befolgen Sie die Anweisungen „Schnittmuster übertragen und verwenden" (Seite 9). Übertragen Sie alle Markierungen und Verweise auf den Stoff.

Oberstoff

Schneiden Sie 2 Schnittteile für Vorder- und Rückseite zu.

Futter

Für das Futter benötigen Sie 2 Schnittteile für Vorder- und Rückseite. Die Innentasche besteht aus 2 Schnittteilen mit den Maßen 18 cm x 18 cm.

Einlage (optional)

Schneiden Sie 2 Schnittteile für Vorder- und Rückseite zu.

Oberstoff und Futter zusammenfügen

1. Wenn Sie Einlage verwenden möchten, bügeln Sie diese jetzt auf die linke Seite beider Teile des Oberstoffs.
2. Stecken Sie die Vorder- und Rückseitenteile an den Seiten und der Unterkante rechts auf rechts aneinander fest.
3. Steppen Sie entlang der Seiten und der Unterkante und vernähen Sie die Enden. Kerben Sie den Saum an den Rundungen ein.
4. Bringen Sie den Magnetverschluss wie im Schnittmuster angegeben auf der Vorder- und Rückseite des Futters an (siehe „Magnetverschlüsse anbringen", S. 13).
5. Wiederholen Sie Schritt 2 und 3 mit den Vorder- und Rückseiten des Futters und lassen Sie 13 cm an der Unterkante unvernäht, um später die Tasche umzustülpen.

Innentasche anbringen

Nähen Sie die Innentasche (siehe „Innentaschen einnähen", S. 14). Platzieren Sie die Innentasche mittig auf der rechten Seite eines Vorder- oder Rückseitenteils des Futters, sodass die untere Kante der Tasche einen Abstand von 9 cm zur unteren Kante des Futters hat. Steppen Sie die Tasche entlang der Seiten und der Unterkante ab.

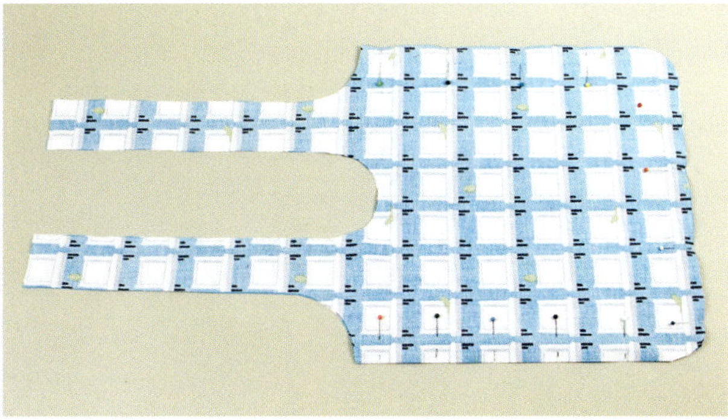

Vorder- und Rückseite aneinanderstecken.

Oberstoff und Futter zusammenfügen

1. Bügeln Sie die Nahtzugaben von Oberstoff und Futter auf. Wenden Sie den Oberstoff mit den rechten Seiten nach außen. Legen Sie den Oberstoff rechts auf rechts in das Futter ein.

2. Stecken Sie Oberstoff und Futter entlang der Taschenöffnung aneinander fest, die 4 Henkel jeweils einzeln.

3. Steppen Sie entlang der Taschenöffnung und der einzelnen Henkel, wobei Sie an den Ecken der Henkel den Stoff vorsichtig drehen.

4. Stumpfen Sie die Ecken an den Henkeln und den Oberkanten des Saums ab. Kerben Sie den Saum an den Rundungen ein.

5. Wenden Sie die Tasche durch die Öffnung im Futter und stülpen sie die Ecken der Henkel vorsichtig aus. Verschließen Sie die Öffnung danach mit einem Saumstich.

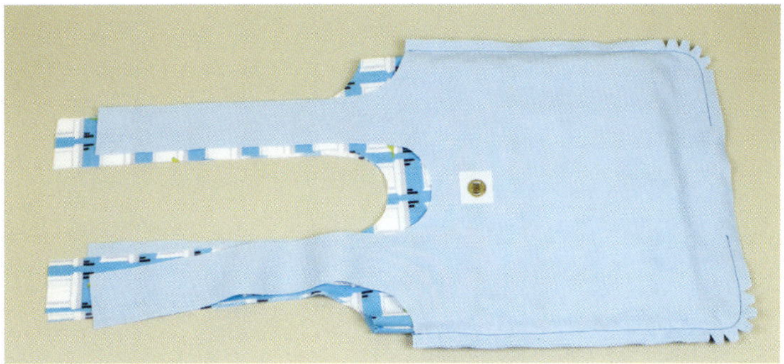

Oberstoff in Futter einlegen.

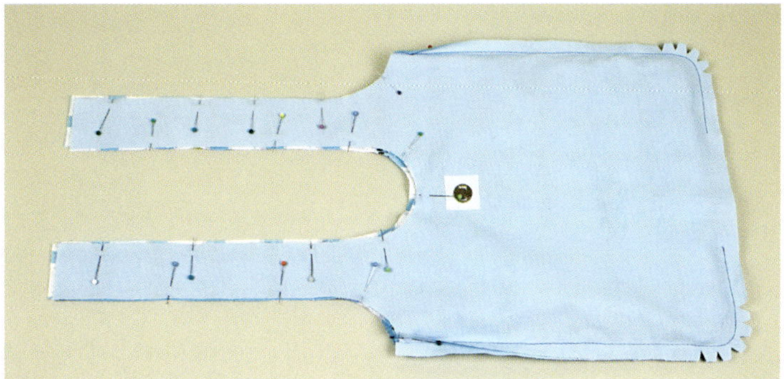

Entlang der Taschenöffnung und der Henkel feststecken.

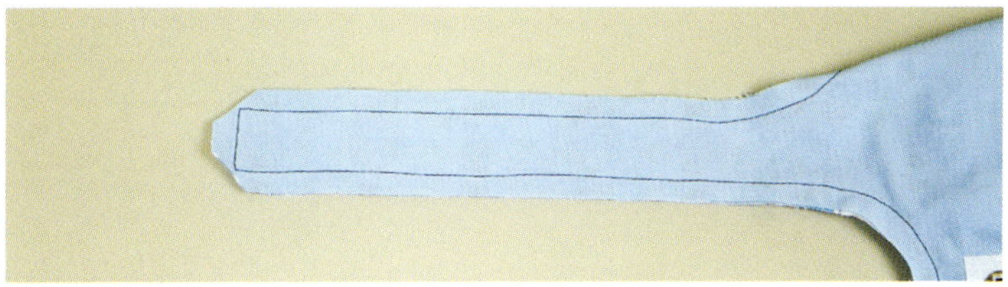

Ecken abstumpfen.

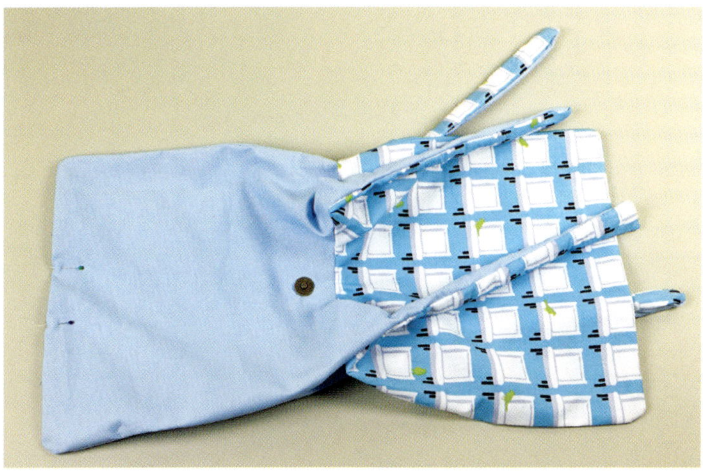

Wenden und Futteröffnung mit Saumstich schließen.

Taschenöffnung und Henkel bügeln.

6. Schlagen Sie das Futter in die Tasche ein und bügeln Sie die Taschenöffnung und die Henkel.

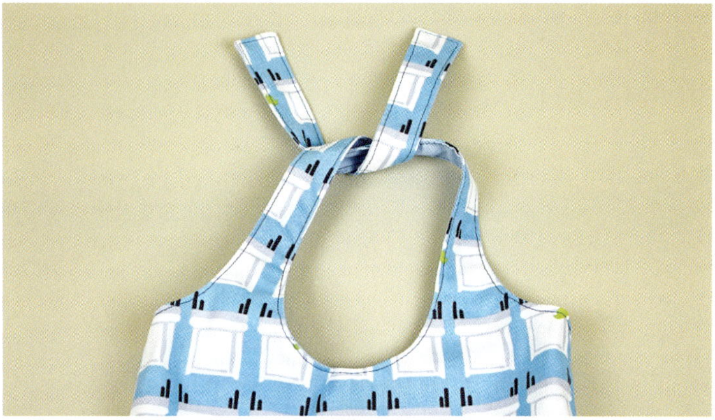

7. Steppen Sie entlang der Taschenöffnung und der Henkel mit einem Abstand von 3 mm ab. Verschließen Sie die Henkelenden mit einem Doppelknoten.

Runde Handtasche

Diese Tasche hat einen breiten Boden und weite Seitenteile, die in den Henkel übergehen. Dadurch hat die Tasche eine harmonische Form. Erwägen Sie die Verwendung von Velours für den Boden und die Seiten, um Ihrer Tasche ein professionelles Aussehen zu verleihen. Kombinieren Sie Kontraststoffe für die Außenseiten, das Futter, die Seiten, den Boden und die Griffe. Verwenden Sie entweder Dekostoffe oder Baumwollstoffe.

Sie benötigen die Schnittmuster „Runde Handtasche Vorder-/Rückseite", „Runde Handtasche Seite/Boden" und „Runde Handtasche Laschenrundung" von Seite S-3 des Schnittmusterbogens.

GRÖSSE:
28 cm x 16,5 cm x 7,5 cm, zusätzlich Henkel 18 cm

SCHWIERIGKEITSGRAD:

WAS SIE BENÖTIGEN:

Der Stoffverbrauch bezieht sich auf eine Stoffbreite von 110 cm.

46 cm Oberstoff für Vorder- und Rückseite

ODER

46 cm Patchwork-Stoff

23 cm Stoff für Seite/Boden und die Lasche

58 cm Futterstoff

46 cm schwere Bügeleinlage

18 mm Magnetverschluss

10–12 cm Klettband für den Verschluss der Innentasche (siehe „Innentaschen anbringen", S. 14)

ZUSCHNEIDEN

Befolgen Sie die Anweisungen „Schnittmuster übertragen und verwenden" (Seite 9). Schneiden Sie zuerst die rechteckigen und quadratischen Stoffteile zu und erstellen Sie dann erst die Stoffteile aus den Schnittmustervorlagen. Übertragen Sie alle Markierungen und Verweise auf den Stoff.

Oberstoff

Schneiden Sie zwei Schnittteile für die Vorder- und Rückseite zu. Für die Seiten und den Boden benötigen Sie 2 Schnittteile. Die Lasche wird aus einem Stoffteil der Größe 14 cm x 6,5 cm hergestellt. Übertragen Sie die Markierungen aus Schema: Lasche auf den Stoff und runden Sie die Ecken mithilfe der Laschenrundung ab.

Futter

Für das Futter benötigen Sie ebenfalls 2 Schnittteile für die Vor- und Rückseite und 2 Schnittteile für Seite und Boden. Schneiden Sie für die Lasche ein Stoffteil der Größe 14 cm x 6,5 cm zu. Übertragen Sie die Markierungen aus Schema: Lasche auf den Stoff und runden Sie die Recken mithilfe der Laschenrundung ab. Die Innentasche wird aus 2 Stoffteilen der Größe 12,5 cm x 6,5 cm angefertigt.

Einlage

Sie benötigen aus dem Einlagenstoff zwei Schnittteile für die Vorder- und Rückseite. Für die Seiten und den Boden schneiden Sie 2 Schnittteile zu. Schneiden Sie für die Lasche 1 Stoffteil der Größe 14 cm x 6,5 cm zu. Übertragen Sie die Markierungen aus Schema: Lasche auf den Stoff und runden Sie die Ecken mithilfe der Laschenrundung ab.

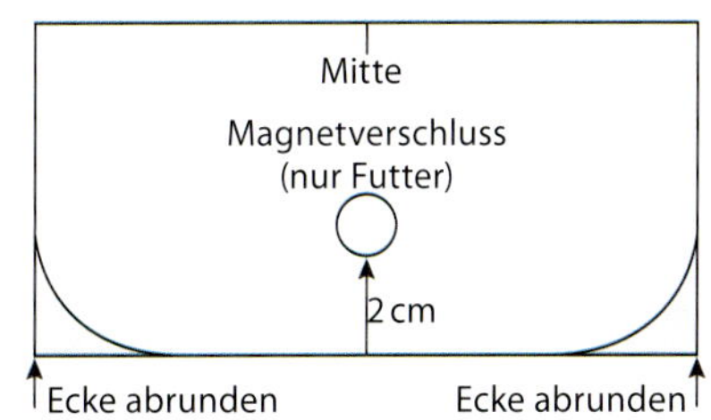

Schema: Lasche

Innentasche anbringen

Fertigen Sie die Innentasche an (siehe „Innentaschen einnähen", S. 14). Setzen Sie die Innentasche mittig auf der rechten Seite eines Vorder- oder Rückseitenteils des Futters auf, sodass die untere Kante der Tasche einen Abstand von 5,5 cm zur unteren Kante des Futters hat. Steppen Sie die Tasche ab – an der einen Seite nach unten, an der Unterkante entlang und an der gegenüberliegenden Seite wieder nach oben. Vernähen Sie die Naht an ihren Enden.

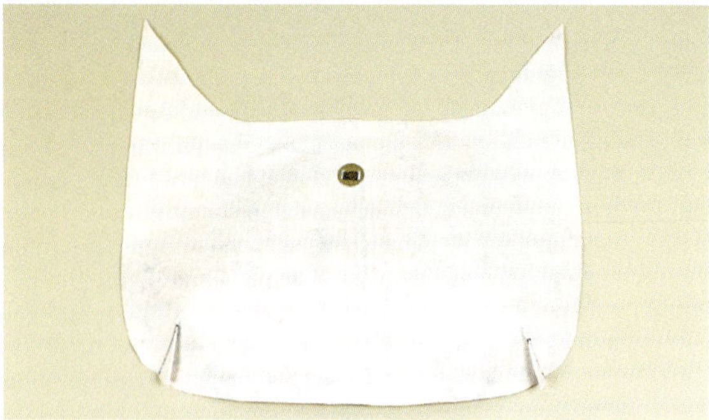

Vordere und hintere Abnäher nähen und bügeln.

Seiten/Bodenteile an den 10,5 cm-Seiten zusammennähen.

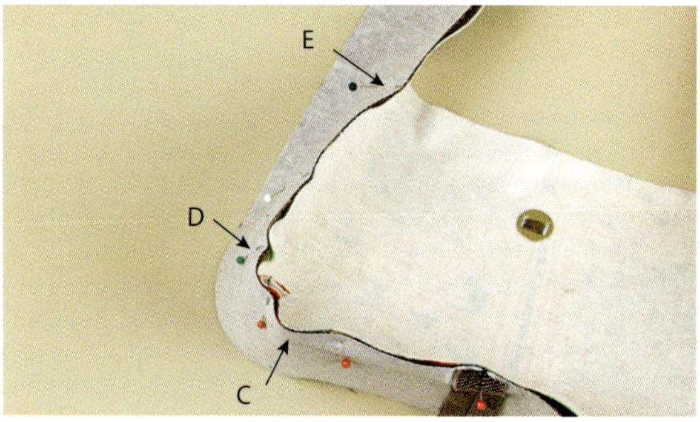

Vorderteil an Seite/Bodenteil anbringen.

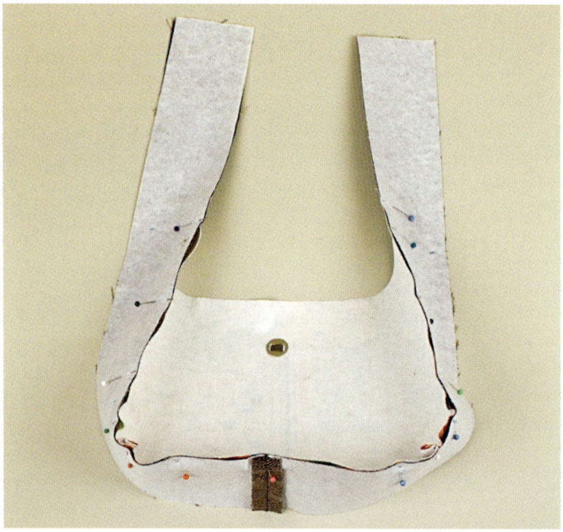

Oberstoff nähen

1. Bügeln Sie die Einlage auf die linken Stoffseiten des Oberstoffs.

2. Bringen Sie die eine Hälfte des Magnetverschluss an der Vorderseite des Oberstoffs wie markiert an (siehe „Magnetverschlüsse anbringen", S. 13). Die andere Hälfte wird später an der Lasche angebracht.

3. Steppen Sie die Abnäher auf der Vorder- und Rückseite des Oberstoffs (siehe „Abnäher und Falten nähen", S. 16). Bügeln Sie die Abnäher der Vorderseite in Richtung Mitte. Die Abnäher auf Rückseite bügeln Sie nach außen.

4. Stecken Sie die Vorder- und Rückseite des Oberstoffes entlang der 10,5 cm langen Kante rechts auf rechts zusammen. Steppen Sie die Teile zusammen und vernähen Sie die Naht an beiden Enden. Bügeln Sie die Nahtzugabe auf und steppen Sie auf jeder Seite 3 mm entlang der Kante ab, um die Naht zu verstärken.

5. Stecken Sie das zusammengenähte Seiten/Bodenteil und die Oberstoffvorderseite rechts auf rechts zusammen: Positionieren Sie zuerst die Mitten von Vorderseite und Boden aufeinander, dann die Markierungen der Punkte C und D, danach die der E-Punkte. Kerben Sie das Seiten/Bodenteil, falls nötig, zwischen den C- und D-Markierungen ein, um es leichter an der Rundung des Vorderteils anlegen zu können.

6. Steppen Sie entlang der Seiten und dem Boden, vernähen Sie die Nahtenden.

7. Wiederholen Sie die Schritte 5 und 6, um das Rückseitenteil an der anderen Seite des Seite/Bodenteils anzubringen.

8. Für das Futter wiederholen Sie die Schritte 3 bis 7. Lassen Sie an der Unterkante 10 cm unvernäht, um die Tasche später umstülpen zu können.

Lasche anfertigen

1. Schneiden Sie die Löcher für die Unterlegscheibe des Magnetverschlusses in das Futter (siehe „Magnetverschlüsse anbringen“, S. 13).
2. Stecken Sie die Laschenteile aus Oberstoff und Futter mit den rechten Seiten aneinander fest. Steppen Sie die Seiten- und Unterkanten, die gerade Kante bleibt unvernäht. Kerben Sie den Saum an den Rundungen ein und kürzen Sie die Nahtzugabe auf 5 mm.
3. Stülpen Sie die Lasche um. Nach dem Bügeln steppen Sie die Lasche 3 mm unterhalb der Kante ab.
4. Bringen Sie die andere Hälfte des Magnetverschlusses an der Futterseite der Lasche an.

tipp

Wegen der handlichen Taschengröße ist es schwierig abzusteppen, wenn der Magnetverschluss bereits angebracht ist. Eine gute Lösung für dieses Problem ist es, die Löcher für die Unterlegscheibe des Magneten bereits einzuschneiden, bevor die Tasche genäht wird, und dann den Magnetverschluss nach dem Absteppen der Lasche anzubringen (Schritt 3).

Lasche feststecken und heften.

Oberstoff und Futter zusammenfügen

1. Bügeln Sie die Nahtzugabe von Oberstoff und Futter auf. Wenden Sie die rechten Seiten des Oberstoffs nach außen.
2. Legen Sie die Lasche mittig auf die Rückseite der Tasche, sodass die rechten Seiten aufeinander liegen, und richten Sie die geraden Kanten aneinander aus. Stecken Sie die Lasche fest und heften Sie die Teile zusammen.
3. Legen Sie den Oberstoff rechts auf rechts in das Futter ein. Die Lasche liegt dabei zwischen Oberstoff und Futter.
4. Stecken Sie Oberstoff und Futter zwischen den E-Markierungen an der Taschenöffnung aneinander. Verfahren Sie ebenso an der Rückseite.

Futter in Oberstoff einlegen.

Oberstoff an Futter feststecken.

5. Stecken Sie die Seiten/Bodenteile von Oberstoff und Futter zwischen den Punkten E und F an allen 4 Seiten fest, um die Henkel zu fixieren.

6. Steppen Sie die Naht in mehreren Etappen und vernähen Sie jeweils die Zwischenschritte. Zuerst nähen Sie von Punkt E zu Punkt E jeweils auf der Vorder- und der Rückseite. Dann nähen Sie auf der Seite jedes Henkels von Punkt E nach Punkt F. Stumpfen Sie die Ecken an der Oberkanten der Säume ab (Punkt E).

7. Wenden Sie die Tasche und die Henkel durch die Öffnung im Futter nach außen. Stülpen Sie die Henkelecken aus und schließen Sie die Öffnung mit einem Saumstich. Legen Sie das Futter in die Tasche ein und bügeln Sie die Taschenöffnung und die Henkel.

Kurze Enden der Henkel steppen.

Eingeschlagenen Kanten feststecken oder heften.

Tasche fertigstellen

1. Stecken Sie die kurzen Enden der Henkel des Oberstoffs mit den rechten Seiten aneinander. Steppen Sie den Saum und vernähen Sie die Naht. Bügeln Sie die Nahtzugabe auf und wiederholen Sie den Vorgang mit den Futterhenkeln.

2. Schlagen Sie an den unvernähten Längsseiten auf beiden Seiten 1,3 cm nach innen und bügeln Sie die Kante. Stecken Sie die Kanten fest oder heften Sie den eingeschlagenen Saum.

3. Steppen Sie entlang der Öffnungen auf beiden Seiten des Henkels 3 mm innerhalb des Saums ab. Die eingeschlagenen Kanten werden so fixiert.

Rucksacktasche

Diese Boston Bag sieht aus wie ein Rucksack. Sie kann entweder aus einem einzelnen Stoff hergestellt werden, oder Sie verwenden einen Kontraststoff für die Henkel. Das Geheimnis bei der Herstellung dieser schönen Tasche ist, die Vorder- und Rückseite akkurat aneinander auszurichten, wenn der Reißverschluss angebracht wird. Dadurch bleibt die Tasche in der richtigen Form. Verwenden Sie entweder Baumwollstoff oder Dekostoff.

Sie benötigen das Schnittteil „Rucksacktasche Vorder-/Rückseite" auf Seite S–3 des Schnittmusterbogens. Verwenden Sie die Vorlagen „Rucksacktasche Außentasche" und „Rucksacktasche Herz" (optional) auf Seite S-2.

GRÖSSE:
ungefähr 33 cm x 43,5 cm x 7,5 cm, zusätzlich Henkel 28 cm

SCHWIERIGKEITSGRAD: ●●●

WAS SIE BENÖTIGEN:

Der Stoffverbrauch bezieht sich auf eine Stoffbreite von 110 cm.

1-Stoff-Variante

126 cm Oberstoff

2-Stoff-Variante

92 cm Oberstoff

70 cm Henkel

beide Varianten

126 cm Futterstoff

25 cm Stoff zum Herstellen von Schrägband

ODER

290 cm Schrägband in der Breite 1,3 cm (doppelt gefaltet)

70 cm x 90 cm schwere Bügeleinlage

56 cm Allzweckreißverschluss

25 cm x 18 cm Stoffreste für das Herz (optional)

Füllwatte für das Herz (optional)

50 cm Lederschnüre für das Herz (optional)

ZUSCHNEIDEN

Befolgen Sie die Anweisungen „Schnittmuster übertragen und verwenden" (Seite 9). Schneiden Sie zuerst das Bodenteil, die Reißverschlussseiten und die Henkel zu, dann die verbleibenden Teile. Übertragen Sie alle Markierungen und Verweise auf den Stoff

Oberstoff

Folgende Schnittteile benötigen Sie:

1 Schnittteil für den Boden, 10,5 cm x 75 cm

2 Schnittteile für die Reißverschlussseiten, 5 cm x 58,5 cm

4 Schnittteile für die Henkel, 9 cm x 64 cm

2 Schnittteile für die Seitenschlaufen, 9 cm x 10,5 cm

2 Schnittteile für Vorder- und Rückseitet

1 Außentasche

Futter

Für den Boden benötigen sie ebenfalls 1 Schnittteil in der Größe 10,5 cm x 75 cm sowie 2 Schnittteile in den Maßen 5 cm x 58,5 cm für die Reißverschlussseiten. Schneiden Sie außerdem je 1 Vorder- und 1 Rückseite zu.

Futtereinfassung

Stellen Sie anhand der Anleitung „Schrägband selbst herstellen" (siehe S. 16) 290 cm Einfassband her oder kaufen Sie die entsprechende Menge fertiges Schrägband. Schneiden Sie das Einfassband in 2 Teile von je 135 cm Länge und 2 Teile von je 10 cm Länge.

Einlage

Auch aus der Einlage schneiden Sie 1 Schnittteil in der Größe 10,5 cm x 75 cm für den Boden sowie 2 Schnittteile in den Maßen 5 cm x 58,5 cm für die Reißverschlussseiten zu. Schneiden Sie außerdem je 1 Vorder- und 1 Rückseite zu.

Stoffrest

Schneiden Sie 2 Herzteile aus.

Henkel vorbereiten

1. Stecken Sie zwei Henkelstreifen an einem der kurzen Enden rechts auf rechts aneinander. Steppen Sie die Kante, vernähen Sie die Enden und bügeln Sie die Nahtzugabe auf.

2. Legen Sie den Henkel an den Längsseiten links auf links zusammen und bügeln Sie ein Bruchkante. Öffnen Sie den Henkel mit der linken Seite nach oben und falten Sie die Längsseiten 1,3 cm nach innen. Bügeln Sie die eingeschlagenen Kanten, falten Sie den Henkel an der Bruchkante wieder zusammen und bügeln Sie erneut. Verarbeiten Sie die verbleibenden Henkelteile in gleicher Weise.

Henkelteile aneinandernähen.

Außentasche versäumen.

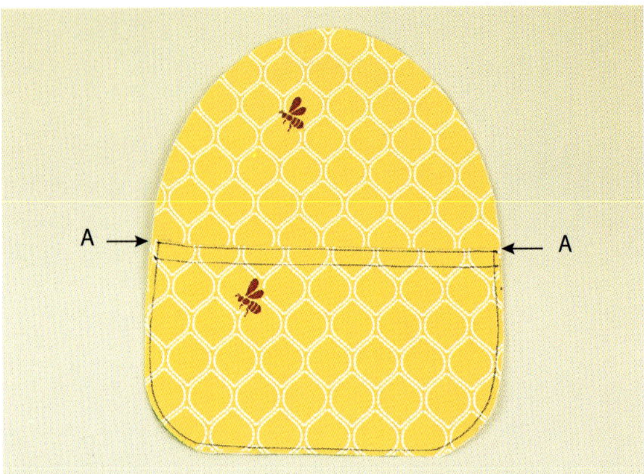

Futter, Oberstoff und Außentasche aneinanderheften.

Henkel zwischen Unterkante und Henkellinie feststecken.

Außentasche und Henkel anbringen

1. Um die Außentasche zu versäumen, schlagen Sie die obere (gerade) Kante 2,5 cm auf die linke Stoffseite um und bügeln Sie eine Kante. Falten Sie erneut 2,5 cm um und bügeln Sie wieder die Kante. Steppen Sie an beiden eingeschlagenen Kanten entlang ab, 3 mm innerhalb des Saums.
2. Bügeln Sie die Einlage auf die linke Stoffseite von Vorder-, Rückseite, Reißverschlussseite und Bodenteil des Oberstoffs auf.
3. Stecken Sie die Vorderseitenteile von Oberstoff und Futter mit den linken Seiten aneinander. Die Außentasche wird an der Unterkante des Vorderteils und den Markierungen A ausgerichtet und festgesteckt. Heften Sie die 3 Teile zusammen.
4. Platzieren Sie einen der Henkel an der zusammengesetzten Vorderseite, sodass die beiden kurzen Enden an der Unterkante ausgerichtet sind (orientieren Sie sich dabei am Schnittmuster). Stecken Sie die Henkel von der Unterkante beginnend nach oben bis zu den Henkellinien durch allen Lagen fest und fixieren Sie die losen Kanten der Henkel ebenfalls mit Stecknadeln.
5. Steppen Sie die Henkel, 3 mm entlang beider Kanten, an die Vorderseite. Beginnen Sie an der Unterkante und steppen an einer Seite entlang bis zur Henkellinie. Drehen Sie dort den Stoff und nähen Sie vor und zurück, um die Naht zu verstärken. Drehen Sie den Stoff und nähen Sie an der anderen Seite des Henkels wieder zurück.
6. Steppen Sie losen Henkel ab der Henkellinie ab, ebenfalls 3 mm von der Kante entfernt, und vernähen Sie die Enden.
7. Wiederholen Sie die Schritte 3–6, um den anderen Henkel an der Rückseite der Tasche anzubringen, natürlich ohne die Außentasche.

Reißverschluss einnähen

1. Schließen Sie den Reißverschluss entsprechend dem Bild auf der rechten Seite und setzen Sie ihn rechts auf rechts auf eines der Reißverschlussseitenteil aus Oberstoff. Ziehen Sie den Schieber des Reißverschlusses auf, bis er etwa 1,6 cm von seinem Ende entfernt ist, und richten Sie dann den Reißverschluss an der unversäumten Kante des Seitenteils aus. Kürzen Sie den Reißverschluss an der gegenüberliegenden Seite, aber lassen Sie unterhalb des Reißverschlussendes mindestens 5 mm Abstand. Wenn Sie den Reißverschluss stärker kürzen müssen, halten Sie sich an die Anleitung „Reißverschlüsse kürzen" (S. 12).
2. Stecken Sie den Reißverschluss am Seitenteil an.
3. Nähen Sie den Reißverschluss mithilfe eines Reißverschlussfußes 3 mm unterhalb der Kante an. Vernähen Sie die Naht an beiden Enden.
4. Legen Sie die unversäumte Kante des Reißverschlussseitenteils der Futtervorderseite rechts auf rechts am Reißverschluss an. Der Reißverschluss befindet sich nun zwischen Futter und Oberstoff.
5. Steppen Sie die drei Lagen mithilfe eines Reißverschlussfußes nah an den Zähnchen zusammen und vernähen Sie die Naht.
6. Schlagen Sie das Futter nach hinten um und bügeln Sie die Vorderseite. Steppen Sie auf der Oberstoffseite das Reißverschlussseitenteil nah an den Zähnchen ab.
7. Bringen Sie die Rückseitenteile aus Oberstoff und Futter in gleicher Weise an.

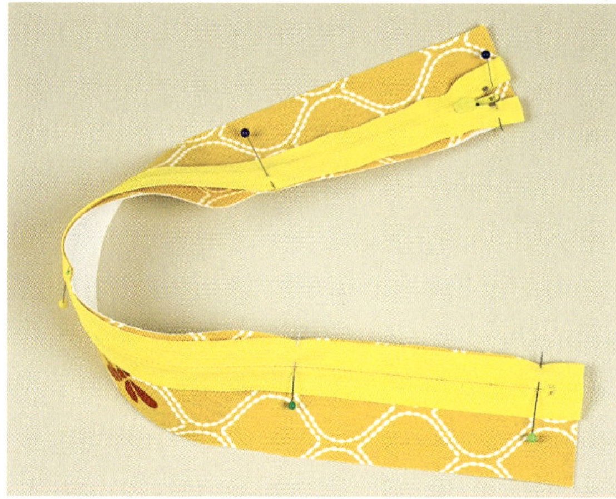

Reißverschluss am Reißverschlussseitenteil aus Oberstoff feststecken.

Futterseitenteil am Oberstoffseitenteil feststecken.

Reißverschlussseitenteil nahe der Zähnchen absteppen.

Anderes Seitenteil ebenfalls am Reißverschluss anbringen.

Zwei Schlaufen herstellen.

Schlaufen am Bodenteil feststecken.

Reißverschlussseiten am Bodenteil feststeppen.

Einfassband umschlagen, um den Saum einzufassen.

Seitenschlaufen nähen

1. Falten Sie eine Schlaufe mittig links auf links zusammen und bügeln Sie eine Bruchkante. Öffnen Sie die Schlaufe mit der linken Seite nach oben und schlagen Sie die Längsseiten 1,3 cm ein. Bügeln Sie die Kanten.

2. Falten Sie die Schlaufe an der Bruchkante wieder zusammen, bügeln Sie die Kanten und steppen Sie 3 mm von den eingeschlagenen Kanten entfernt die Schlaufe ab. Mit der zweiten Schlaufe wiederholen.

Reißverschlussseiten und Boden zusammenfügen

1. Stecken Sie die Bodenteile mit den linken Seiten aneinander und heften Sie die langen Kanten. Falten Sie die Schlaufen in der Mitte und platzieren Sie je eine an den kurzen Enden des Bodenteils aus Oberstoff, die unvernähten Kanten aufeinander. Heften Sie die Schlaufen an.

2. Fixieren Sie die Enden der Reißverschlussseiten rechts auf rechts an den Enden der Bodenteile, sodass sich ein Ring bildet und die Schlaufen zwischen den Boden- und Seitenteilen liegen. Steppen Sie die kurzen Enden. Kürzen Sie die Nahtzugabe auf 1 cm.

3. Falten Sie ein Stück kleines Einfassband komplett auf. Richten Sie die Oberkante rechst auf rechts an der Saumkante aus und stecken Sie das Band fest.

4. Steppen Sie entlang der Einschlagkante, die am nächsten am Saum liegt, und vernähen Sie die Enden. Fassen Sie den Saum mit dem Einfassband ein, schlagen Sie die zweite Kante nach innen und stecken Sie das Band wieder fest.

5. Steppen Sie das Einfassband durch alle Lagen ab, 3 mm von der eingeschlagenen Kante entfernt.

6. Wiederholen Sie die Schritte 3–5 mit dem anderen Saum.

Tasche zusammenfügen

1. Falten Sie den Taschenumlauf aus Bodenteil und Reißverschlussseiten zusammen, um die Mitte der einzelnen Teile markieren zu können. Stecken Sie die Oberstoffseiten von Taschenvorderseite und Taschenumlauf aneinander: Richten Sie die Mitten aneinander aus und positionieren Sie die eingefassten Kanten des Umlaufs an den B-Markierungen der Vorderseite. Um die Rundung der Vorderseite besser abzustecken, können Sie, falls nötig, die Nahtzugabe des Umlaufs einkerben.
2. Steppen Sie jeweils von Punkt B zu Punkt in zwei Etappen um die Tasche herum, und vernähen Sie am Ende jeden Nähabschnitts. Kürzen Sie die Nahtzugabe auf 1 cm.
3. Wiederholen Sie die Schritte 1 und 2, um die Rückseite anzubringen.

Taschenumlauf an der Vorderseite ansteppen.

Einfassband annähen

1. Falten Sie ein langes Einfassband komplett auf. Schlagen Sie die kurzen Enden 1,3 cm ein und bügeln Sie diese Kanten. Beginnen Sie an der Mitte der Unterkante der Tasche, die Oberkante des Einfassbandes rechts auf rechts an der Taschenkante anzustecken. Arbeiten Sie sich um die gesamte Tasche herum und lassen Sie das Ende des Einfassbandes überstehen.
2. Steppen Sie entlang der Einschlagkante, die dem Taschensaum am nächsten liegt. Schlagen Sie das Band auf die andere Seite um, um den Saum einzufassen, und stecken Sie das Band mit eingeschlagener Kante auf der anderen Seite fest.
3. Durch alle Lagen steppen Sie nun das Band 3 mm innerhalb der eingeschlagenen Kante ab. Stülpen Sie die Tasche um und bügeln Sie die Teile.

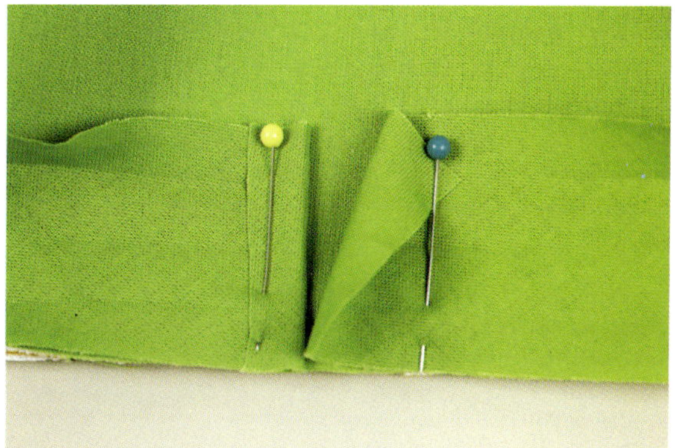

Einfassband an der Außenkante fixieren.

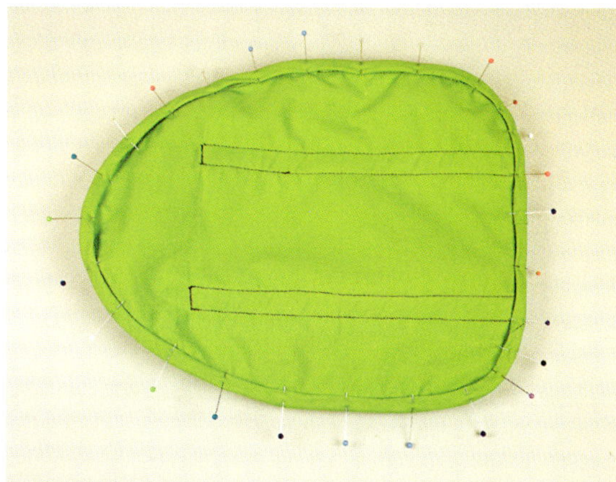

Mit dem Band den Saum einfassen und feststecken.

Herz-Applikation herstellen

1. Stecken Sie die Herzteile mit den linken Seiten aneinander. Nähen Sie mit einer Nahtzugabe von 1,3 cm an den Kanten entlang, lassen Sie aber 5 cm an der Seite unvernäht, um das Herz auszustopfen. Vernähen Sie die Nahtenden.

2. Füllen Sie das Herz mit Füllwatte und schließen Sie die Öffnung. Kürzen Sie den Saum mit einer Zackenschere.

3. Falten Sie die Lederschnur in der Mitte zusammen und nähen Sie die Falz an der Mitte der Herzrückseite an. Um das Herz an der Tasche anzubringen, machen Sie mit den losen Enden der Schnur eine Schlaufe um die Taschenhenkel.

Herz-Applikation

Praktische Schultasche

Haben Sie je darüber nachgedacht, Ihre selbst genähte Tasche mit zur Schule zu nehmen? Nun, jetzt können Sie das tun! Die unterschiedlichen Innentaschen dieser Tasche machen es möglich, eine Menge Dinge zu verstauen, angefangen von Federmäppchen bis hin zu Papier. Robuster Canvas-, Cord-, Jeans- oder dicker Leinenstoff sind wie gemacht für diese Tasche, und Sie müssen sie nicht mit Einlage verstärken!

Sie benötigen die Vorlagen „Praktische Schultasche Bodenrundung" und „Praktische Schultasche Laschenrundung" von Seite S-2 des Schnittmusterbogens.

GRÖSSE:
ungefähr 43,5 cm, x 35,5 cm, zusätzlich Henkel 71,5 cm (geknotet)

SCHWIERIGKEITSGRAD:

WAS SIE BENÖTIGEN:

Der Stoffverbrauch bezieht sich auf eine Stoffbreite von 110 cm

- 103 cm Oberstoff
- 103 cm Futterstoff
- 20 cm Klettband
- 4–6 cm breiter Knebelknopf oder Knopf (optional)

ZUSCHNEIDEN

Befolgen Sie die Anweisungen „Schnittmuster übertragen und verwenden" (Seite 9). Übertragen Sie alle Markierungen und Verweise auf den Stoff.

Oberstoff

Schneiden Sie 2 Schnittteile mit den Maßen 46 cm x 110 cm für die Vorder- und die Rückseite zu. Orientieren Sie sich an Schema 2: Tasche, um die Markierungen zu übertragen, und verwenden Sie die Rundungsvorlage für den Boden, um die Ecken abzurunden. Halten Sie sich an die Abmessungen in Schema 2 und an die Rundungsvorlage, um aus jedem Schnittteil ein großes Rechteck herauszuschneiden, wodurch die Riemen gebildet werden. Heben Sie eines der großen Stücke auf, um daraus die Lasche herzustellen. Aus diesem großen Stück für die Lasche schneiden Sie ein Stoffteil in den Maßen 34,5 cm x 33 cm zu. Halten Sie sich an das Schema 1: Lasche, um die Markierungen zu übertragen, und runden Sie die Ecken mithilfe der Rundungsvorlage ab.

Futter

Schneiden Sie für das Futter wieder zwei große Stoffstücke in den Maßen 46 cm x 110 cm für die Vorder- und die Rückseite zu und trennen Sie die großen Rechtecke heraus. Runden Sie die Ecken ab und übertragen Sie die Markierungen.

Aus einem der großen Rechtecke messen Sie 34,5 cm x 33 cm für die Lasche ab und markieren die Lasche entsprechend des Schemas. Runden Sie die Ecken ab.

Die verbliebenen Stoffteile verwenden Sie für die Einstecktasche. Messen Sie 2 Schnittteile in den Maßen 33 cm x 18 cm ab.

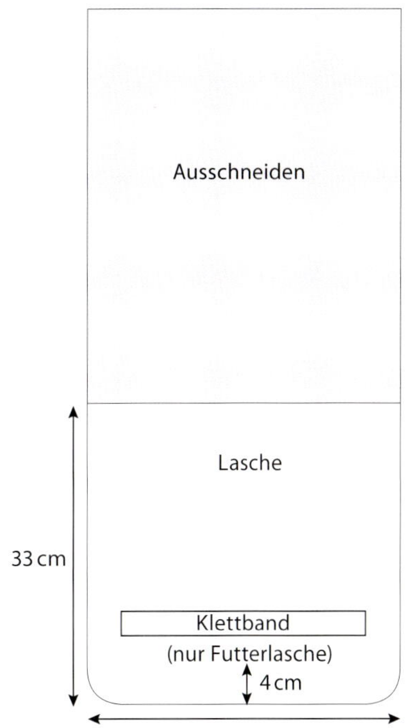

Schema 1: Lasche

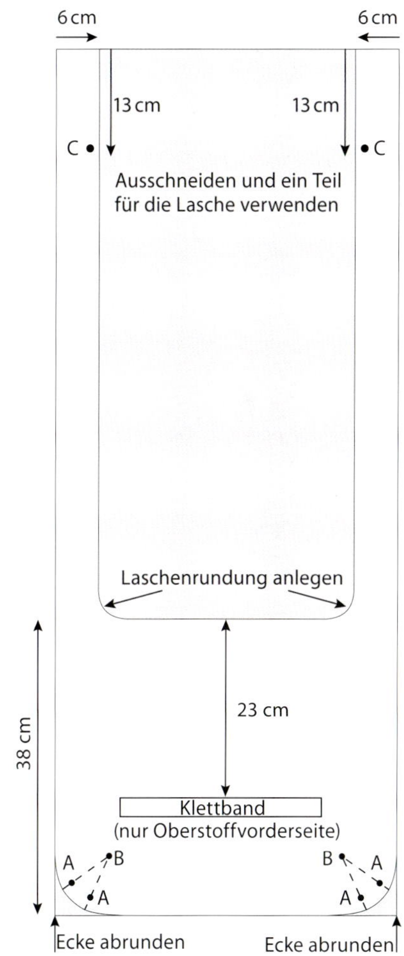

Schema 2: Tasche

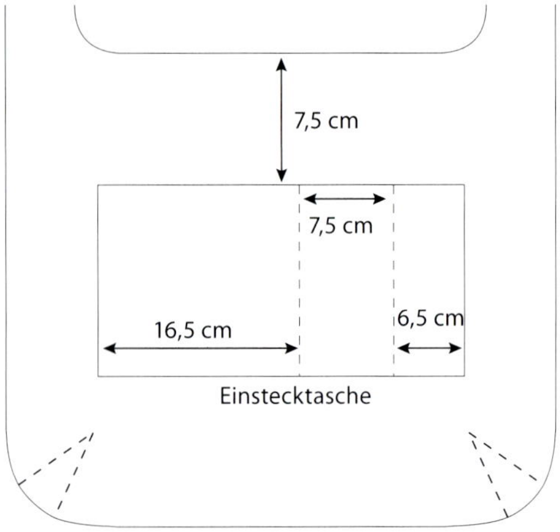

Schema 3: Einstecktasche Ansteckplan

Abnäher auf Vorder- und Rückseite nähen und bügeln.

Entlang der Außenkante Vorder- und Rückseite aneinanderstecken.

Einstecktasche anbringen

1. Nähen Sie die Einstecktasche (siehe „Innentaschen einnähen“, S. 14). Platzieren Sie die Einstecktasche anhand Schema 3: Einstecktasche Ansteckplan mittig auf der rechten Seite eines Vorder- oder Rückseitenteils des Futters, sodass die obere Kante der Tasche einen Abstand von 7,5 cm zur oberen Kante des Futters hat. Steppen Sie die Tasche ab – an der einen Seite nach unten, an der Unterkante entlang und an der gegenüberliegenden Seite wieder nach oben. Vernähen Sie die Nahtenden.

2. Um die Einstecktasche in mehrere kleinere Fächer zu unterteilen, setzen Sie eine Naht 16,5 cm von der linken Seite der Einstecktasche und eine weitere Naht 6,5 cm von der rechten Kante der Tasche. Vernähen Sie jeweils die Enden der Naht.

Oberstoff und Futter nähen

1. Trennen Sie das Klettband und bringen Sie das Flauschband an der Markierung der Oberstoffvorderseite an. Steppen Sie das Hakenband an der Markierung an die Futterlasche.

2. Nähen Sie die Abnäher auf der Vorder- und Rückseite des Oberstoffs (siehe „Abnäher und Falten nähen“, S. 16). Bügeln Sie die Abnäher auf der Vorderseite in Richtung Mitte und die Abnäher auf der Rückseite nach außen.

3. Stecken Sie die Vorder- und Rückseiten aus Oberstoff mit den rechten Seiten entlang der Außenkante aneinander. Setzen Sie die Nadeln von einem Schulterriemen über außen zum anderen. Die Abnäher auf der Vorder- und Rückseite sind in unterschiedliche Richtungen gebügelt, damit sie flach aufliegen.

4. Steppen Sie entlang der Außenkante und vernähen Sie die Nahtenden. Kerben Sie den Saum an den Rundungen ein und bügeln Sie die Nahtzugabe auf.

5. Wiederholen Sie Schritt 2 bis 4 mit den Vorder- und Rückseiten des Futters und lassen Sie 13 cm an der Unterkante unvernäht, um später die Tasche umzustülpen.

Oberstoff und Futter zusammenfügen

1. Wenden Sie den Oberstoff mit den rechten Seiten nach außen. Legen Sie den Oberstoff rechts auf rechts in das Futter ein.

2. Stecken Sie Oberstoff und Futter entlang der Taschenöffnung zwischen den C-Markierungen aneinander fest (siehe Schema 2: Tasche, S. 137).

3. Steppen Sie entlang der inneren Rundung der Tasche und vernähen Sie die Naht. Schneiden Sie den Saum an den Rundungen ein. Wenden Sie die Tasche durch die Öffnung im Futter und stülpen sie die Schulterriemen aus. Verschließen Sie die Öffnung danach mit einem Saumstich.

4. Stecken Sie die kurzen Enden der Schulterriemen rechts auf rechts aneinander.

Oberstoff in Futter einlegen.

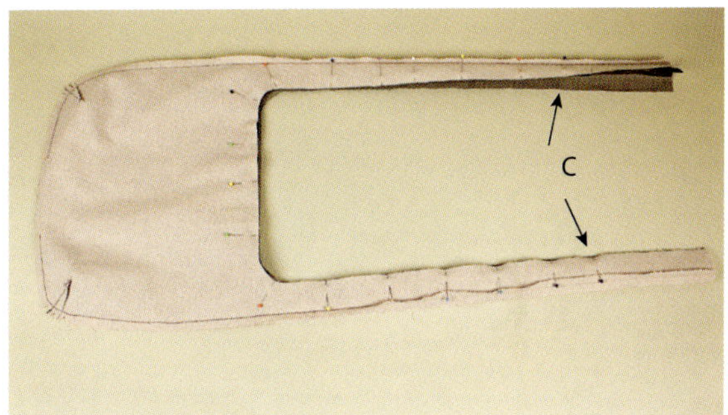

Oberstoff und Futter aneinander feststecken.

Kurze Enden der Schulterriemen fixieren.

Kurze Enden der Riemen aneinandernähen.

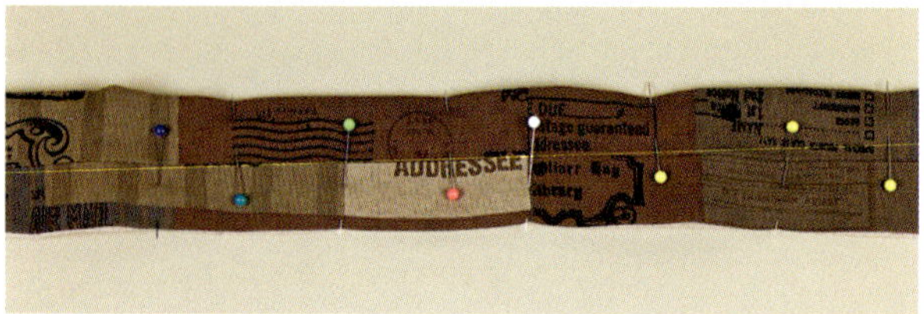

Eingeschlagene Kanten der Schulterriemen feststecken oder heften.

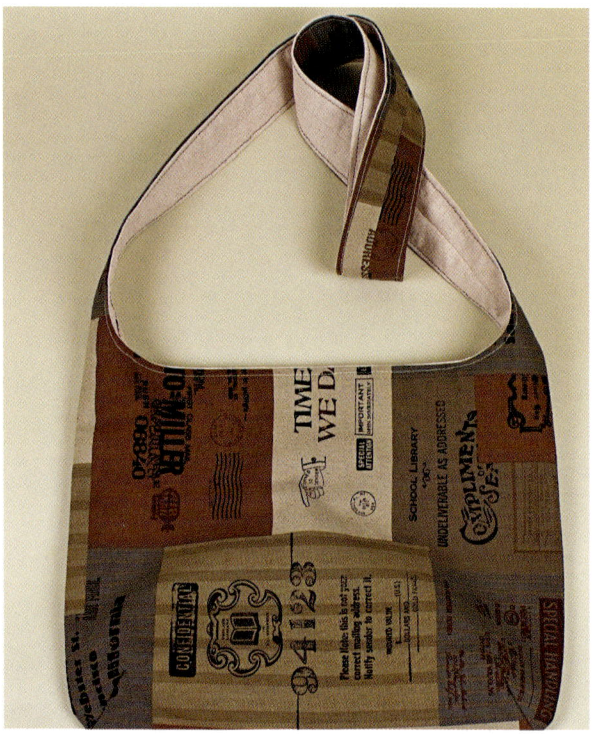

Entlang der Riemen absteppen.

5. Steppen Sie die Schulterriemen zusammen und vernähen Sie die Nahtenden. Bügeln Sie die Nahtzugabe auf. Wiederholen Sie das Vorgehen für die Schulterriemen des Futters.

6. Schlagen Sie an den Längsseiten aller Riemen 1,3 cm nach innen ein und bügeln Sie die Kanten. Stecken Sie diese fest oder heften Sie die Seiten.

7. Steppen Sie entlang der Riemen und der Taschenöffnung 3 mm unterhalb der Kante ab. Die eingeschlagenen Kanten werden durch das Absteppen fixiert.

Lasche anbringen

1. Optional: Wenn Sie einen Knebelknopf anbringen möchten, platzieren Sie die Kordeln in der Mitte der Laschenoberseite. Fixieren Sie die Kordel 1 cm von der Kante entfernt mit einer Naht und vernähen Sie die Enden.
2. Stecken Sie die Laschen aus Oberstoff und Futter mit den rechten Seiten aneinander. Steppen Sie entlang der Lasche und lassen Sie an der geraden Kante 8 cm unvernäht, um die Lasche umzustülpen. Schneiden Sie die Ecken ein und kerben Sie den Saum an der Rundung. Kürzen Sie die Nahtzugabe auf 5 mm.
3. Stülpen Sie die Lasche um und steppen Sie 3 mm von der Kante entfernt an der gerundeten Kante entlang. Schlagen Sie die Kanten an der Öffnung nach innen, bügeln Sie den Saum und verschließen Sie die Öffnung mit einem Saumstich.
4. Platzieren Sie die Lasche mittig auf der Rückseite der Tasche, 2,5 cm unterhalb der oberen Kante. Stecken Sie die Lasche an der Tasche fest und kontrollieren Sie die Position des Klettbandes. Falls nötig, korrigieren Sie die Position der Lasche. Steppen Sie entlang der geraden Kante und vernähen Sie die Naht an beiden Enden.
5. Optional: Nähen Sie den Knopf an.

Knebelknopf anbringen.

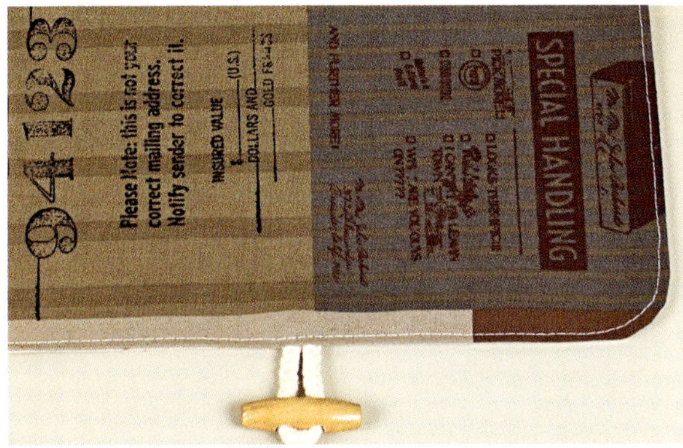

Abgerundete Kanten absteppen.

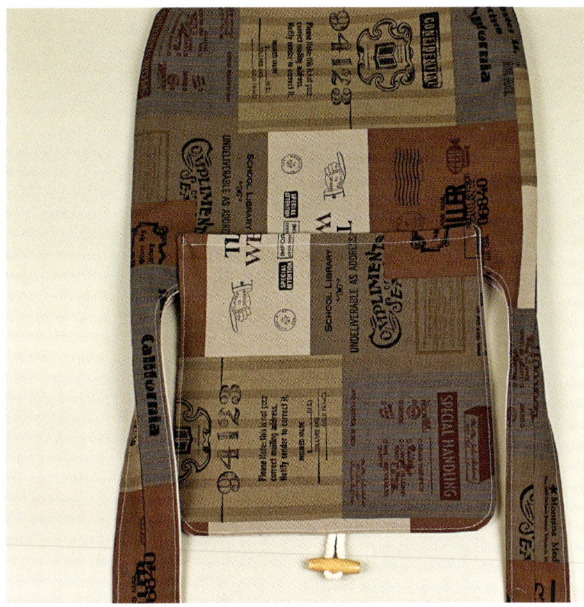

Lasche an Tasche anbringen.

Über die Autorin

Sue Kim lebt mit ihren drei entzückenden Kindern und ihrem Mann in Toronto. Zur Zeit betreibt Sie die Schnittmusterseite *ithinksew.com*.

Ihre Projekte werden dazu beitragen, dass Sie Spaß am Nähen haben, da Sie Erfahrung sammeln und Vertrauen in Ihre eigenen Fähigkeiten entwickeln werden. Sue hat ein scharfes Auge für Mode und ein besonderes Talent, elegante und praktische Clutches und Handtaschen herzustellen.

12 Wege zu 26 wundervollen Taschen
In dieser Kollektion präsentiert die Designerin Amy Butler eine umwerfende Auswahl ihrer Handtaschen-Designs. Von schicken Clutches und entzückenden Pochettes bis hin zu lässigen Shoppern und einzigartigen Portemonnaies zeigt sich in jedem der Projekte Amys raffinierter Stil und ihre Liebe zum Detail.
Amy Butlers
Taschen-Tick
amy butlers
Taschen-Tick
12 Wege zu 26 wundervollen Taschen
Fotografien von David Butler
EMF
EMF
Folge deiner Inspiration

Printed in Poland
by Amazon Fulfillment
Poland Sp. z o.o., Wrocław

87242483R00016